Arthur Henley

Angst vor der Angst

Phobien: ihre Ursachen, ihre Überwindung

Wilhelm Heyne Verlag München

HEYNE PSYCHO
Band 17/47

Titel der Originalausgabe
PHOBIAS
Aus dem Amerikanischen übersetzt von Traudi Perlinger

Copyright © 1987 by Arthur Henley
Copyright © der deutschen Ausgabe 1990
by Wilhelm Heyne Verlag GmbH & Co. KG, München
Printed in Germany 1990
Umschlagillustration und -gestaltung: Atelier Ingrid Schütz, München
Satz: Kort Satz GmbH, München
Druck und Bindung: Ebner Ulm

ISBN 3-453-4256-5

In Liebe für Janet

Die angeführten Fallbeispiele sind authentisch, lediglich Namen und bestimmte Umstände wurden verändert, um die Privatsphäre der Betroffenen zu schützen.

Inhalt

Danksagung 9

Vorwort von Dr. Marshall P. Primack 10

I. TEIL	**Die Störung** Wie Phobien die Herrschaft an sich reißen	13
1. Kapitel	**Die Paniktaste** .... Checkliste der Angstsymptome	14 32
2. Kapitel	**Lähmende Ängste** .... Checkliste der Angstinventur	36 55
3. Kapitel	**Das Entstehen einer Phobie** .... Checkliste: Eigentest zur Feststellung des Phobiequotienten	59 82
4. Kapitel	**Bevor etwas besser wird, wird es schlimmer** .... Der Gradmesser Ihrer Angst	86 106
II. TEIL	**Die Lösungen** Wie *Sie* die Herrschaft zurückgewinnen können	109
5. Kapitel	**Sie können sich selbst helfen** .... 36 Schnellstrategien	110 111

6. Kapitel	**Ein beruhigender Einfluß**	132
	12 Entspannungsübungen	134
7. Kapitel	**Wie Sie dauerhaft Kontrolle übernehmen**	156
	13 Dauerheilmethoden	158
8. Kapitel	**Sie sind kein Einzelfall**	192
	Angstregister: Innenschau gegen Außenschau	202

Kontaktadressen 205

Danksagung

Ich bin vielen Menschen dankbar, die mir bei der Entstehung dieses Buches geholfen haben. Einige Namen erscheinen im Text, die Namen vieler anderer tauchen nicht auf, da es gar nicht möglich wäre, sie alle zu nennen.

Darunter sind Dutzende Männer und Frauen, die mir Einblick in ihr Privatleben und ihre Lebensgeschichte gewährten und mir Gelegenheit gaben, Hunderte ganz neuer Selbsthilfemaßnahmen zur Angstbekämpfung zu testen, die ich an meine Leser auf den nachfolgenden Seiten weitergebe.

Mein besonderer Dank gilt allen Experten, die mir ihre Zeit und ihr Fachwissen zur Verfügung stellten. Ihre großzügige Mitarbeit machte ein Buch möglich, das nicht nur einen einzelnen Standpunkt vertritt, sondern viele verschiedene Meinungen zu den Phobien, Ängsten und Panikstörungen widergibt, um zu gewährleisten, daß *jeder* Leser wertvolle, nutzbringende Einblicke in seine oder ihre phobischen Ängste erhält und aus einer Reihe erprobter Methoden im Umgang mit diesen Störungen wählen kann.

Meine eigene Erfahrung als selbstgeheilter Phobiker verhalf mir zu einem tiefen Verständnis für die Schwierigkeiten, auf die jeder stößt, der unter einengenden Ängsten leidet.

Ein letztes Dankeswort gilt den Mitarbeitern von Smith Corona, die mich in die Geheimnisse der Textverarbeitung einwiesen. Ihr PWP System 14 Textverarbeitungsgerät hat mir nicht nur das Schreiben erleichtert – sondern mich darüber hinaus von meiner ›*Technophobie*‹ geheilt.

Vorwort

Millionen ansonsten völlig normaler, gesunder Männer und Frauen werden von Unsicherheiten, krankhaften Ängsten und Phobien befallen. Ich habe in meiner eigenen Arztpraxis erlebt, wie augenscheinlich irrationale Ängste grauenhafte Ausmaße annehmen und das gesamte Leben des Betroffenen beherrschen können.

In diesem gut recherchierten, leicht verständlich geschriebenen Buch gibt der Autor deutliche Fallbeispiele und zitiert aufschlußreiche Aussagen von Experten, um die zerstörerische Wirkung krankhafter Ängste, von der Platzangst bis zur Krebsangst zu veranschaulichen. Er betont gleichzeitig die Notwendigkeit, daß diese Störungen unter allen Umständen von Herz-, Schilddrüsen- und anderen Erkrankungen unterschieden werden müssen.

Jede Erscheinungsform der Phobie wird klar und einfach beschrieben, um den Lesern zu ermöglichen, charakteristische Symptome zu erkennen. Der Autor bedient sich eines leicht verständlichen Sprachstils, der sowohl lehrreich wie spannend ist, geht dem Ursprung der Phobien nach und erläutert, mit welchen Maßnahmen sie zu bekämpfen sind.

Wovor Sie auch Angst haben und in welchem Grad – sei es das Fliegen, geschlossene Räume, offene Räume, Aufzüge, Brücken, Sexualität, Straßenverkehr, andere Menschen, Kaufhäuser und so weiter – Sie finden Ihre Angst auf diesen Seiten beschrieben und erfahren, welche Behandlung für Sie am besten geeignet ist.

Das Buch wird jenen die Augen öffnen, die sich phobischer Störungen nicht bewußt sind, und es wird sich als große Hilfe für die erweisen, die unter Angststörungen leiden.

Der Leser wird feststellen, daß eine Phobie nicht unbedingt ein eigenständiges Phänomen ist, das auf eine bestimmte Behandlungsmethode anspricht. Nicht alle Betroffenen werden durch *einen* Weg von ihrer Phobie, Panikstörung oder irrationalen Angst befreit, es gibt vielmehr viele verschiedene Wege, um *alle* phobischen Störungen zu beseitigen.

Jeder Leser erfährt, wie er (sie) die für ihn oder sie am besten geeignete Behandlung erkennt und anwendet. Die beschriebenen Techniken umfassen ein breites Spektrum praktischer Selbsthilfestrategien, Entspannungsübungen und erprobter Therapiemaßnahmen, die von Experten auf dem Gebiet der Phobien, Panikstörungen und irrationalen Ängste angewendet werden.

Eine Reihe sorgfältig ausgearbeiteter Eigentests helfen dem Leser, seine oder ihre phobische Störung zu erkennen; Expertenmeinungen von Phobie-Spezialisten geben Ratschläge zu verläßlichen Methoden zur Beseitigung von Phobien.

Ein Adressenanhang nennt dem Leser Kontaktadressen für Selbsthilfe-Organisationen, die bei Phobien und Panikstörungen weiterhelfen können.

Jeder, der unter Phobien leidet, wird nach der Lektüre dieses Buches einen großen Schritt getan haben, um seine krankhaften Ängste zu beseitigen.

Dr. Marshall P. Primack
Leiter der Abteilung Innere Medizin
New York State Psychiatric Institute
Columbia-Presbyterian Medical Center

I. TEIL

Wie Phobien die Herrschaft an sich reißen

(Die Störung)

1. Kapitel

Die Paniktaste

Ungeziefer.

Keiner mag es.

Wir erschlagen es, besprühen es mit Gift, zertreten es.

Käfer, Ameisen, Fliegen, Motten, Moskitos, Küchenschaben. Die besonders.

Die achtundzwanzigjährige Phyllis hatte seit jeher eine starke Abneigung gegen Küchenschaben. Sah sie eine, griff sie rasch nach irgendeinem Gegenstand und schlug damit zu. Eine Zeitung, ein Schuh, was immer griffbereit war; traf sie das Biest, nahm sie es mit einem Küchenpapier hoch und spülte es ins Klo. Schlug sie daneben, kroch die Schabe in die nächste Ritze und war verschwunden. So weit, so gut.

Bis sie eines Nachts wach lag, weil sie Durst hatte, und aufstand, um sich ein Glas Wasser zu holen. Sie betrat die Küche, machte Licht und ging zum Spülbecken.

Plötzlich kroch eine fette, schwarze Küchenschabe über die Geschirrablage. Phyllis erstarrte vor Schreck. Das Glas entglitt ihrer Hand und zersplitterte im Spülbecken.

Sie schrie und konnte nicht aufhören zu schreien. Das Herz schlug ihr bis zum Hals, sie zitterte am ganzen Körper und mußte sich festhalten, um nicht in Ohnmacht zu fallen.

Ihre Schreie weckten ihren Ehemann, der in die Küche geeilt kam. Er nahm seine schlotternde Frau in die Arme und fragte besorgt: »Was ist passiert? Bitte beruhige dich und sag mir, was geschehen ist.«

In seinen Armen konnte sie sich allmählich beruhigen und fand ihre Sprache wieder. Mit dem Finger wies sie aufs Waschbecken und brachte mit belegter Stimme hervor: »Eine Küchenschabe.«

»Was? Mehr nicht?« antwortete er ungläubig. »Wieso hast du sie nicht erschlagen?«

»Ich konnte nicht. Ich konnte einfach nicht. Ich weiß nicht, wieso. Es ist doch nicht das erste Mal, daß ich eine Küchenschabe sehe. Aber diesmal war es anders. Etwas ist über mich gekommen. Ich habe Todesängste ausgestanden.«

»Die Schabe ist dir über die Hand gekrabbelt. Das hat dich so erschreckt.«

»Nein«, sagte sie. »Das Vieh ist nicht in meine Nähe gekommen. Sie muß in einer Ritze verschwunden sein. Ich war so außer mir, daß ich es gar nicht bemerkte.«

Der verdutzte Ehemann schüttelte ungläubig den Kopf. »Dann war es eher der Schock, der dich so durcheinander gebracht hat«, sagte er, »als die Küchenschabe selbst.«

Das schien eine plausible Erklärung, doch wie Phyllis am eigenen Leib erfahren sollte, reichte Einsicht allein nicht aus, um das Opfer eines Panikanfalls zu beschwichtigen. Diese traumatische Erfahrung war erst der Beginn eines durch phobische Ängste stark beengten Daseins, das sie später als »Hölle, mein Leben war die reine Hölle!« bezeichnete.

Nach diesem Panikanfall betrat Phyllis ihre Küche abends nur, wenn ihr Ehemann vorausging, Licht anmachte und die Küche nach Schaben absuchte.

Doch ihre Angst gab sich damit nicht zufrieden. Im Gegenteil, sie griff um sich. Phyllis mied nicht nur ihre dunkle Küche, sondern jeden anderen dunklen Raum und bald darauf alle engen Räume – Kammern, Telefonzellen, Aufzüge. Als nächstes kamen die Busse dran. Dann Theater, Restaurants, Warenhäuser. Das ging so weit, daß sie es nicht ertragen konnte, im Untersuchungsraum ihres Arztes alleingelassen zu werden.

Schließlich hatte ihre krankhafte Angst solche Formen

angenommen, daß sie sich nicht mehr aus dem Haus wagte. Nachts mußte ein schwaches Licht in allen Räumen brennen. Der Gedanke, irgendwo einer Küchenschabe zu begegnen, war so furchterregend, daß sie den Telefonapparat untersuchte, bevor sie den Hörer abnahm, wenn es klingelte, oder sie telefonieren wollte.

Ihre *Entomophobie* (krankhafte Angst vor Ungeziefer) hatte sich zur *Agoraphobie* (Platzangst, also die Angst, die Geborgenheit der eigenen vier Wände zu verlassen) ausgeweitet. Sie bezahlte einen hohen Preis für das Privileg, einem sehr exklusiven ›Club‹ von circa 40 Millionen amerikanischer Männer und Frauen anzugehören, die unter Phobien verschiedenster Art und unterschiedlichen Grades leiden — wobei die Betonung auf ›leiden‹ liegt.

»Die Auswirkungen auf das Leben eines Menschen können als ebenso schlimm bezeichnet werden wie die einer Erkrankung an Multipler Sklerose oder eine Querschnittslähmung«, sagt Dr. Robert L. DuPont Jr., Psychiater an der Universität von Georgetown und Gründungsvorsitzender der amerikanischen Phobiegesellschaft.

Nicht jeder, der Angst vor Ungeziefer hat, drückt die Paniktaste, die Folgen dieser Angst können dennoch seelisch, körperlich und im sozialen Bereich gleichermaßen verheerende Wirkungen haben. Körper und Geist reagieren heftig auf eine Gefahr, die gar nicht existiert. Die Gefahr liegt beim Betroffenen selbst, nicht außerhalb von ihm.

Wenn Sie unter einer Phobie leiden, fühlen Sie sich stark bedroht, nicht weil Sie tatsächlich bedroht werden, sondern einfach deshalb, weil Sie sich bedroht fühlen. Das ist schwerwiegender als bloße Angst. Das ist Entsetzen, Furcht und mitunter Panik.

Jemand sagte einmal, der Versuch, einem Nichtphobiker das Phänomen Phobie zu erläutern, käme dem Versuch gleich, einem Mann den Zustand der Schwangerschaft zu erklären.

Stellen Sie sich einmal vor...

Jemand hält Ihnen eine geladene Pistole an die Schläfe, sein Finger krümmt sich um den Abzug und er droht, Ihnen das Gehirn wegzublasen.

Wenn Sie die Augen schließen und sich intensiv auf dieses Bild konzentrieren, wird die Vorstellung Ihren Körper in Aufruhr versetzen. Sie bekommen Herzklopfen, Atembeschwerden, Ihr Adrenalinspiegel steigt, Ihre Handflächen werden feucht.

Oder lassen Sie ein anderes, gleichermaßen furchterregendes Bild in Ihrer Phantasie entstehen. Stellen Sie sich vor, Sie werden lebendig begraben. Sie spüren, wie Erde von oben auf Sie geworfen wird, die Ihnen Mund und Nasenlöcher verstopft und Sie zu ersticken droht.

Dieses starke Bild führt dazu, daß Ihr Atem schneller geht und die oben genannten Symptome eintreten.

Nun haben Sie eine leise Ahnung davon, was man bei einem Panikanfall empfindet. Sie können in etwa nachfühlen, welches blanke Entsetzen durch eine Phobie hervorgerufen wird, und haben erfahren, welche fürchterlichen, lähmenden Auswirkungen allein der Gedanke auf Ihren Geist, Ihr Nervensystem und Ihre Organfunktionen haben kann.

Dabei ist überhaupt nichts geschehen!

Niemand hat Ihnen die Pistole an die Schläfe gesetzt. Sie wurden nicht lebendig begraben. Es gab keinerlei wirkliche Bedrohung Ihres Wohlergehens. Lediglich Ihre Gedanken waren außer Kontrolle. Das ist das Wesen einer Phobie.

Sie ist ein Zustand, der Ihren Geist über das Normalmaß eines Angstgefühls – das für Ihre Sicherheit zuweilen nützlich ist – hinaus belastet. Wenn Sie beispielsweise lesen, irgendwo ist eine Brücke eingestürzt, haben Sie möglicherweise Bedenken, über eine ähnliche Brückenkonstruktion zu fahren.

Sollten Sie jedoch unter einer echten Brückenphobie leiden, werden Sie ein Maß an Furcht erleben, das in keinem Verhältnis zur Realität steht. Jede Brücke wird bei Ihnen Gefühle des Grauens hervorrufen. Genauer gesagt, diese Gefühle überkommen Sie bereits beim bloßen Gedanken, über eine Brücke fahren zu müssen.

Es besteht keine wirkliche Gefahr und wenn, dann nur eine völlig unerhebliche. Ihre Gedanken registrieren aber etwas ganz anderes. Ihr Gehirn sendet schrille Alarmsignale an Ihren Körper. Dies ist der Augenblick, in dem Sie die Paniktaste drücken.

Ebenso, wie die oben beschriebenen Phantasiebilder eine sogenannte Kampf-oder-Flucht-Reaktion auf Gefahr auslösen können, auch auf eine fälschlicherweise wahrgenommene Gefahr, können Sie geistige Bilder dazu benutzen, um Ihre Phobie zu überwinden. Dieses Buch wird Ihnen Methoden zeigen, wie Sie dieses wirksame Instrument und andere ebenso wirksame Techniken einsetzen können, um Kontrolle über selbstzerstörerische Gedanken und dadurch ausgelöste krankhafte Ängste auszuüben.

Nicht alle Phobiker gleichen einander

Experten sind sich darüber einig, daß stark phobieanfällige Menschen sich durch ein hohes Maß an emotionaler Empfindsamkeit auszeichnen. Sie sind meist klug, phantasievoll und mit hochempfindlichen nervösen Mechanismen ausgestattet, die auf angstauslösende Reize stärker reagieren als bei einem Durchschnittsmenschen.

Frauen sind sensibler als Männer. Platzangst tritt bei Frauen häufiger auf als bei Männern. Sogenannte ›einfache‹ Phobien — irrationale Ängste, die beherrscht werden können, indem das angstauslösende Objekt vermieden wird, ob es sich um Küchenschabe, Aufzug oder Katze handelt — befallen ebenfalls mehr Frauen als Männer. Wo die Wurzeln auch liegen mögen, Frauen sind eher dazu bereit, die Paniktaste zu drücken, als Männer.

Wo liegt der Grund dieser Unterschiede zwischen den Geschlechtern?

Es gibt Theorien, wonach die Blutversorgung des Gehirns sowie Nervenvernetzungen zwischen rechter und linker Gehirnhälfte Einfluß nehmen. Da diese Faktoren bei Frauen und Männern verschieden sind, könnten sie unter anderem erklären, warum Männer und Frauen auf dieselben Reize emotional verschieden reagieren.

Außerdem bestehen hormonelle sowie kulturelle Unterschiede, die sich wiederum gegenseitig beeinflussen, so daß die beiden Geschlechter die Welt unterschiedlich wahrnehmen. Niemand wird bestreiten, daß die Rollenverteilung in unserer Gesellschaft Unterschiede macht. Buben und Mädchen sind in ihrer Erziehung verschiedenen gesellschaftlichen Normen unterworfen. Buben werden dazu erzogen, dominierend, sachlich und leistungsfähig zu sein; Mädchen hingegen haben hübsch auszusehen, fürsorglich und hingebungsvoll zu sein.

Diese Unterschiede machen Frauen anfälliger für Phobien, während sie männliche Phobiker empfänglicher für die zerstörerischen Auswirkungen ihrer Phobien machen.

Dr. Michael R. Liebowitz, Leiter der Anxiety Disorders Clinic am New York State Psychiatric Institute, äußert hierzu: »Ich habe festgestellt, daß bei gleichartigen Angstattacken Frauen eher dazu neigen, ihre vier Wände nicht zu verlassen, während Männer Zuflucht im Alkohol suchen.«

Damit sagt er deutlich, daß Frauen, die unter Platzangst leiden, ihre Panik vermeiden, wenn sie zu Hause bleiben, während Männer ihre Panikanfälle bekämpfen, indem sie ihre Angst im Alkohol ertränken. In erster Linie geht es beiden darum, ihr Selbstbild zu schützen.

Doch auch Phobiker gleichen Geschlechts, die unter der gleichen Phobie leiden, unterscheiden sich in ihren Angstreaktionen voneinander. Manche drücken die Paniktaste; andere mobilisieren Kräfte aus sich selbst, um weiterhin zu funktionieren, obgleich sie ein hohes Maß an krankhafter Angst durchmachen.

Die Flugangst bietet ein gutes Beispiel, um diesen Punkt zu veranschaulichen. Man kann ohne Übertreibung davon ausgehen, daß letztlich alle Phobiker bis zu einem gewissen Grad unter Flugangst leiden. Der Pilot und Leiter eines Workshops gegen Flugangst, Captain Tom Bunn, führt aus: »Der Mensch hat eine angeborene Neigung, ängstlich auf etwas zu reagieren, wenn er keine Fluchtmöglichkeit sieht, wie beispielsweise im Flugzeug; verschiedene Menschen haben verschiedene Formen, mit dieser Angst umzugehen.«

Zuweilen sind die Bewältigungsmethoden höchst erstaunlich, wie uns folgendes Beispiel zeigt.

Der seltsame Fall einer Frau mit Flugangst

Amanda war eine attraktive Frau, Mitte dreißig, seit kurzem geschieden. Ihre leitende Position bei einem internationalen Unternehmen erforderte häufige Flüge nach Europa. Obgleich kinderlos und ohne familiäre Bindungen, waren ihr diese Flugreisen ein Greuel, da sie unter Flugangst litt. Allein durch die Tatsache, daß ihr keine andere Wahl blieb, wollte sie ihren Job nicht verlieren, vermochte sie das Panikgefühl zu unterdrücken, das unweigerlich in ihr hochstieg, sobald sie gezwungen war, ein Flugzeug zu besteigen.

Auch diesmal schaffte sie es, ihre Angst so weit unter Kontrolle zu halten, um die Maschine am New Yorker JFK-Airport zu besteigen, sie hatte das Schwächegefühl überwunden, das sie jedesmal beim Start befiel und war dabei, sich recht und schlecht für den langen Flug nach Paris einzurichten. Doch sie vermochte nicht, die Angst abzuschütteln, die ihr nach wie vor die Kehle zuschnürte.

In ihrem verzweifelten Bedürfnis nach seelischem Beistand und um ihre Angst vor einer Ohnmacht zu überwinden, wandte Amanda sich an den neben ihr sitzenden Fluggast, einem ihr völlig Fremden und fragte – nein, flehte ihn mit zitternder Stimme an: »Bitte... bitte... darf ich Ihre Hand halten, solange die Maschine sich im Steigflug befindet? Ich hab' solche Angst.«

Der Fremde willigte einigermaßen erstaunt – und zugleich geschmeichelt – ein und stellte fest, daß seine Reisebegleiterin ruhiger wurde, als er ihre Hand hielt.

Sie saß still und zufrieden neben ihm, bis die Maschine in ein Luftloch sackte und der Flug ziemlich holprig wurde. Bei jedem Ruck wuchs Amandas Unruhe.

»Bitte... o bitte...«, sagte sie, »würden Sie Ihren Arm um mich legen? Ich weiß, es klingt absurd, wir kennen uns ja gar nicht, aber ich stehe Todesangst aus!«

Er lächelte und kam ihrem Wunsch bereitwillig nach. Er war ein gutaussehender, erfolgreicher Mitfünfziger; und er genoß die Situation sichtlich. Er versuchte, mit ihr ins Gespräch zu kommen, doch sie blieb einsilbig.

Der Flug wurde extrem unruhig, und Amandas Angst wuchs ins Unerträgliche. Wie in Trance legte sie ihren Kopf an seine Schulter und flüsterte: »O Gott, Sie sind wunderbar. Sie sind der wichtigste Mensch in meinem Leben.«

Amanda überstand den Flug, ihren Kopf an die Schulter ihres Nachbarn gebettet, der seinen Arm um sie geschlungen hatte und sie tröstend streichelte. Seinetwegen hätte der Flug getrost noch länger dauern können.

Die Maschine landete ohne Zwischenfall und die beiden gingen nebeneinander in die Ankunftshalle. Beim Abschied lud ihr Beschützer sie zum Abendessen ein.

Amanda wich empört zurück. Sie war wie verwandelt. »Was bilden Sie sich ein!« fuhr sie ihn an. »Wie können Sie es wagen, zudringlich zu werden! Sie bedeuten mir nichts. Ich habe nicht das geringste Interesse, Sie je wiederzusehen!«

Sie rauschte an ihm vorbei und er starrte ihr verdattert nach. Was er nicht wußte, und sie nicht realisierte, war, daß das letzte Fünkchen Angst verlosch, sobald sie sicheren Boden unter den Füßen hatte, und mit ihrer Angst schwand die Erinnerung an den Flug.

Amanda hatte sich wieder im Griff, ihre Gedanken waren bei geschäftlichen Dingen und nicht beim Vergnügen. Sie hatte sich und ihre Situation wieder unter Kontrolle.

Für Menschen wie Amanda hat eine Phobie eher unangenehme als lähmende Folgen. Niemand ist jedoch vor Phobien geschützt. Jeder kann ihnen zum Opfer fallen, ob Sie es sind, Ihr Ehemann oder Geliebter, Ihr Kind, Ihre Eltern, Ihre beste Freundin, Ihr Chef und natürlich auch Prominente...

Phobische Berühmtheiten?

Wenn Sie je einen Panikanfall erlitten oder auch nur Veränderungen in Ihrem Leben vornehmen mußten, um mit einer wie immer gearteten Phobie fertig zu werden, befinden Sie sich in guter Gesellschaft.

Es mag Sie erstaunen zu erfahren, daß einer der meistgereisten Amerikaner, Präsident Ronald Reagan, während seiner Karriere als Schauspieler sich dem Fliegen gegenüber extrem ängstlich verhielt. Im Verlauf seiner Wahlkampagne zum Gouverneur von Kalifornien war er zu häufigen Flugreisen gezwungen und vermochte damals diesen ›Anflug‹ einer Aerophobie, einer Flugangst, zu überwinden. Sollte er in seiner Amtszeit als Präsident unter Restangst gelitten haben, so war sie ihm nicht anzumerken, wenn er sicheren Schritts die Air Force I bestieg oder verließ.

Die Sängerin Aretha Franklin ist ebenfalls eine Berühmtheit, die gelegentlich in die Krallen der Flugangst gerät. Sie soll in Zeiten, wenn ihr Angstpegel zu hoch war, um eine Flugreise durchzustehen, Konzerte abgesagt haben, wenn es keine andere Reisemöglichkeit gab.

Der vielleicht berühmteste Aerophobiker ist John Madden, der ehemalige Coach der amerikanischen Football-National-Mannschaft, der den Oakland Raiders zu vielen Meistertiteln verhalf und heute ein beliebter Fernsehansager und Schauspieler in TV-Werbespots ist. Das Ungewöhnliche an seinem Fall ist, daß er vermochte, trotz der Beschränkungen, die ihm seine Phobie auferlegte, eine anstrengende Karriere aufzubauen. Er meidet Flugzeuge und benutzt Züge oder andere Verkehrsmittel.

Es ist nur selten damit getan, seine Flugangst auszuschalten, indem man einfach nicht fliegt, denn das Reisen mit anderen Verkehrsmitteln ist häufig mit großen Unbequemlichkeiten verbunden. Die meisten Menschen kontrollieren wie Amanda ihre Flugangst auf irgendeine Weise und fliegen dennoch.

Dazu gehört Phil Donahue, der populäre TV-Talkmaster. »Je häufiger ich fliege, desto größer wird meine Angst«, erzählte er einmal seinem Publikum und gab einige interessante Einblicke in die Zwanghaftigkeit des Phobikers, Kontrolle zu behalten.

»Bei Start und Landung kann ich weder lesen, noch irgend etwas anderes tun«, sagte er. »Ich muß dem Piloten beistehen! Wenn ich mich nicht ganz fest konzentriere... Ich kann nur schätzen, wie viele geglückte Landungen ich auf diese Weise weltweit hingelegt habe!«

Das Widerstreben, Kontrolle abzutreten, ist ein Wesensmerkmal der Phobie. Selbst die Illusion, Kontrolle zu behalten, kann dem Phobiker von Nutzen sein, wie Phil Donahues Worte klarmachen.

Eine andere prominente Persönlichkeit ist der Fernseh-Wetterfrosch Willard Scott, der ohne Umschweife gesteht: »Ich bin Phobiker. Es gibt keinen Grund, sich dafür zu schämen, ebensowenig wie für Diabetes oder Tennisarm.«

Anläßlich des nationalen Phobie-Kongresses 1984 in Washington, D. C. sagte er vor einem großen Publikum, daß er seinen ersten Panikanfall vor vielen Jahren beim Überqueren einer Brücke erlitten habe, und er erinnerte seine Zuhörerschaft: »Wir sind nicht allein. Hilfe ist greifbar.«

Damit hat er völlig recht. Es gibt viele Formen der Hilfe. Und alle Formen sind notwendig, da dem einen Phobiker eine Methode nützt, die bei einem anderen keinerlei Wirkung zeigt. Das wird Ihnen im Verlauf dieses Buches noch klar und Sie erfahren, wie Sie die jeweiligen Methoden richtig anwenden, um Ihre eigene Phobie loszuwerden, oder die einer Ihnen nahestehenden Person.

Es mag Sie trösten, daß nicht einmal Sigmund Freud gefeit war gegen Ängste und Phobien. Er litt unter einer Herzneurose; hatte die Zwangsvorstellung, einen Herzanfall zu bekommen, ohne daß die geringsten Anzeichen für einen drohenden Herzanfall vorlagen. Er haßte Züge, reiste jedoch mit der Eisenbahn, wenn es sich nicht umgehen ließ.

Der berühmteste Phobiker unserer Zeit war vermutlich der verstorbene Howard Hughes. Er war *Mysophobiker,* ein Mensch mit übersteigerter Angst vor Schmutz, Bazillen und Ansteckung. Hughes trug stets Handschuhe, wenn er jemandem die Hand gab. Mit zunehmendem Alter verstärkten sich seine Ängste zu einem Grad, daß sie sein Leben völlig beherrschten.

Er wurde zum *Agoraphobiker,* weigerte sich, sein Haus zu verlassen und schließlich zum totalen *Panophobiker,* der sich vor jedem und allem fürchtete. Manche sahen in ihm nichts weiter als einen Hypochonder, der ständig unter eingebildeten Krankheiten litt. Anderen Theorien zufolge wurde der Keim seines Phobieverhaltens bereits bei der Geburt gelegt und später von äußeren Umständen genährt, denen er keine geeigneten Bewältigungsstrategien entgegenzusetzen vermochte.

Zu den schädlichsten Bewältigungsstrategien, denen Phobiker sich zuwenden, gehört der Alkohol. Eugene O'Neill wählt in seinem Theaterstück *Der Eismann kommt* eine Kneipe als Schauplatz, in der sich nur Agoraphobiker aufhalten.

O'Neill nennt die Kneipe ›Saloon zur letzten Hoffnung‹ und ihren Besitzer Harry Hope. Weder die Gäste noch Harry Hope verlassen je das Haus. Sie bewohnen Zimmer im ersten Stock und kommen nach unten, um zu trinken.

Im Verlauf des Stückes stellt sich heraus, daß alle verzweifelte Angst davor haben, das Lokal zu verlassen. Sie trinken bis zum Umfallen; nur mit Hilfe von Schnaps können sie ihre Phobie in Grenzen halten, ohne gegen sie anzugehen. Der Schnaps vertreibt ihre Ängste nicht, er überdeckt sie lediglich.

Wir haben es mit einer Form der Angst zu tun, die weit über das Maß einer normalen Vorsichtsmaßnahme hinausgeht, etwa, wenn wir vor dem Überqueren einer Straße nach links und rechts schauen. Die Phobie zeichnet sich dadurch aus, daß die Gefahr sich im Kopf des Betroffenen befindet und nicht in der Situation selbst zu suchen ist.

Der amerikanische Präsident Franklin D. Roosevelt sagte bei seiner Antrittsrede zur Zeit der Weltwirtschaftskrise: »Das einzige, was wir wirklich fürchten müssen, ist die Furcht selbst.«

Er wollte in seiner denkwürdigen Rede nicht zum Ausdruck bringen, daß die Menschen in einer Zeit hoher Arbeitslosigkeit keine Veranlassung hätten, sich Sorgen über ihre Zukunft zu machen, sie aber bestrebt sein müßten, ihre Sorgen in vernünftigen Grenzen zu halten. Namenlose, unvernünftige, ungerechtfertigte Angst lähmt alle unsere Anstrengungen, Rückschritt in Fortschritt zu verwandeln.

Realistische Angst hingegen kann uns zu Leistungssteigerung anspornen. Sie dient als Triebfeder. Lassen Sie sich das von einem Profi-Footballer, Hugh McElhenny, erklären, der als ›König der Halfbacks‹ in seiner langen Karriere bei den San Francisco Forty-Niners und anderen US-Football-Nationalmannschaften sämtliche Laufrekorde brach.

»Ich hatte beim Laufen ständig Angst«, gestand er. »Meine Einstellung bestand aus Angst. Nicht die Angst, verletzt zu werden, sondern die Angst, angegriffen, von hinten zu Boden gerissen zu werden, vor meinen Teamkameraden *blamiert* zu werden.«

Für ihn bedeutete die ›ständige Angst beim Laufen‹, ein Weglaufen vor möglicher Demütigung und auf ein Ziel zuzulaufen, nämlich einen Punkt zu erzielen. Angst war seine Triebfeder. Eine gesunde, positive und richtige Einstellung, die ihn motivierte, nicht entmutigte.

Phobische Angst ist etwas völlig anderes.

Königin Noor, die Gemahlin von König Hussein von Jordanien, mit Mädchennamen Lisa Halaby, deren Vater Direktor der Federal Aviation Administration und Vorsitzender von Pan American World Airways war, strebte in jungen Jahren nach persönlichem Erfolg und weigerte sich, einen Job von ihrem berühmten und einflußreichen Vater anzunehmen. »Ich hatte eine Phobie, von ihm abhängig zu sein. Ich wollte wegen meiner eigenen Leistungen anerkannt werden«, sagt sie.

Eine Phobie?

Wohl kaum. Das wäre ein etwas oberflächlicher Umgang mit dem Begriff. Sie wollte damit gewiß nicht sagen, daß sie eine verzerrte Wahrnehmung von Gefahr hatte, wenn sie ihren Vater um einen Job ersucht hätte. Sie zögerte lediglich, sich von ihm abhängig zu machen.

Wie jeder Phobiker weiß, gehört zu einer Phobie mehr als nur das Widerstreben, sich einer Sache zu stellen, vor der man sich fürchtet. Außerdem führt bloßes Widerstreben nicht zur grauenvollen Erfahrung eines Panikanfalls.

Andererseits ist unter Phobie-Experten bekannt, daß die Paniktaste manchmal ohne ersichtlichen Grund gedrückt wird. Ohne daß eine Schabe oder ein anderes furchteinflößendes Tier in der Nähe wäre.

»Ein Panikanfall führt ein Eigenleben«, sagt Dr. Thomas Uhde, Phobiespezialist am National Institute of Mental Health. »Er kann jemand überfallen, der keineswegs unter Streß steht. Ein vollkommen zufriedener Mensch erleidet plötzlich einen tiefgreifenden Panikanfall, kann sogar von einem Panikanfall aus dem Schlaf gerissen werden.«

Diese Art von Panikanfall geschieht spontan, scheinbar ohne Provokation. Er kann überall auftreten...

Selbst beim Friseur

»Nicht nur, daß ich dachte, ich müsse sterben. Ich spürte tatsächlich, daß ich auf der Stelle tot umfalle!«

So erklärt Victor sein Entsetzen, als er im Alter von neunzehn Jahren seinen ersten, spontanen Panikanfall erlebte.

Das geschah in einem ›altmodischen‹ Friseursalon mit drei Angestellten, ganz in der Nähe der Wohnung seiner Eltern. Er war schon oft dort gewesen, da ihm die Atmosphäre behagte. Der Friseur, der ihn bediente, war ein wortkarger Mann. Genau wie Victor. Haareschneiden war ihm lästig, und er wollte die Sache so rasch wie möglich hinter sich bringen.

Noch nie war etwas Ungewöhnliches geschehen. Gehorsam befolgte er die gelegentlichen Anweisungen des Friseurs, »Bitte gradesitzen« oder »Den Kopf bitte stillhalten«.

Manchmal schloß Victor die Augen und hörte dem Klappern der Schere zu. Oder er ließ seine Gedanken schweifen und machte Pläne für den Abend. War die Prozedur vorbei, bürstete der Friseur ihm Haarschnipsel vom Nacken, Victor stand auf, bezahlte und gab ihm ein großzügiges Trinkgeld und ein anerkennendes Lächeln.

Diesmal war es anders. Er saß kaum fünf Minuten im Stuhl, als er von einem überwältigenden Panikgefühl erfaßt wurde.

Er bekam keine Luft. Sein Herz klopfte wild. Seine Beine waren wie Gummi. Sein Magen krampfte sich schmerzhaft zusammen.

»Ich spürte, wie irgendetwas in meinem Kopf nachgab«, sagt er.

»Ich war am Sterben, wirklich am Sterben. Ich wußte, daß es nicht sein konnte, es konnte nicht echt sein, und doch *war* es echt. Ich konnte nicht mehr denken. Ich fühlte nur. Ich sterbe in diesem Friseurstuhl, das war es, was ich fühlte. Es war das Grauenvollste, was mir je passierte. Mein Leben hing davon ab, wie schnell ich da rauskam!«

Er riß sich den Frisierumhang herunter, warf ihn von sich, wankte aus dem Stuhl und murmelte: »Mir ist schlecht. Mir ist schlecht. Ich muß etwas tun.«

Der erste Satz stimmte. Der zweite war eine Ausflucht für seine Verlegenheit.

»Es ist unheimlich«, sagt er heute. »Trotz dieses furchtbaren Gefühls der Panik blieb mir soviel Vernunft, um mich zu schämen.«

Sobald er aus dem Frisiersalon draußen auf der Straße war, begann die Panik sich zu legen. Ihr Höhepunkt hatte im Frisierstuhl stattgefunden. Er ging so rasch er konnte nach Hause, in der Hoffnung, keinen Bekannten zu treffen. Zu Hause angekommen, goß er sich mit zitternden Händen ein Glas Orangensaft ein und setzte sich in seinen Lieblingssessel. Innerhalb von zehn Minuten war der letzte Rest seines Panikgefühls verschwunden.

Victor betrat den Frisiersalon nur noch einmal, um den Friseur zu bezahlen, ihm ein übertrieben hohes Trinkgeld zu geben und eine fadenscheinige Entschuldigung für sein Verhalten zu murmeln.

Eine Weile hielt er sich gänzlich von allen Friseurgeschäften fern und schnitt sich die Haare selbst. Das war mühsam und sah auch nicht sonderlich gut aus. Also suchte er sich den kleinsten, unscheinbarsten Salon, den er finden konnte, in dem nur ein einziger Friseur bediente und wagte sich nur hinein, wenn kein anderer Kunde im Laden war.

Dem Friseur sagt er stets: »Ich bin in Eile, ich habe eine wichtige Verabredung, machen Sie bitte schnell.« Den Frisierumhang läßt er sich nur lose um die Schultern legen, ihm ist es lieber, die Haarschnipsel fallen ihm in den Hemdkragen, als daß ihm »eine Schlinge um den Hals gelegt wird«, wie er sich ausdrückt. Unter dem Frisierumhang klammert er sich an den Armlehnen des Stuhls fest. In der Brusttasche seines Hemdes hat er immer Beruhigungstabletten bei sich, ›nur für den Fall‹, obwohl ihm klar ist, daß sie keine sofortige Wirkung haben können.

Nachdem Victor seine Fassung wiedergefunden hatte, suchte er sofort seinen Arzt auf, um eine Erklärung des Vorfalls zu erhalten.

Der Arzt untersuchte ihn, prüfte seinen Blutdruck und erstellte ein Elektrokardiogramm.

»Wie ich vermutet hatte«, sagte der Arzt. »Alle Tests sind negativ. Ihnen fehlt gar nichts. Sie haben lediglich eine altmodische Angstneurose, früher nannte man so etwas Neurasthenie. Ich verschreibe Ihnen ein Medikament zur Nervenberuhigung.«

Aus welchem Grund seine Nerven ihn jedoch so jäh im Stich gelassen hatten, konnte der Arzt nicht beantworten.

Victor suchte einen Psychiater auf. Im Gespräch bestätigte Victor, daß er Haareschneiden nie leiden konnte. Er erinnerte sich daran, daß seine Mutter ihn als kleinen Jungen festhalten mußte, während der Friseur versuchte, ihm die Haare zu schneiden.

Er erinnerte sich auch daran, bitterlich geweint und heftig den Kopf geschüttelt zu haben, um der Schere zu entgehen. Und je mehr er sich gegen die Prozedur sträubte, desto fester hielt seine Mutter ihn, um ihn davor zu schützen, von der Schere gezwickt zu werden, wie sie sagte.

Die Diagnose war eindeutig. Kindheitstrauma, vermutlich häufig wiederholt, bis daraus ein erlerntes Verhalten wurde, als Konsequenz jahrelang unterdrückter Gefühle (»Sie müssen Ihre Mutter sehr gehaßt haben!«). Das alles brach an jenem besagten Tag im Friseurstuhl aus ihm heraus.

»Ich rate Ihnen zur Psychoanalyse«, sagte der Arzt, »zumindest aber zu einer Form der Psychotherapie.«

Victor willigte ein, es mit Analyse zu versuchen. Während der nächsten Wochen erfuhr er eine Menge über sich selbst – unter anderem, daß er Perfektionist war, und daß Perfektionisten anfälliger für Phobien sind – und gewann im Verlauf seiner Analyse immer mehr Einblicke in sein Seelenleben.

Doch eines Tages befiel ihn wieder eine Panikattacke, die ebenso erschreckend war wie die erste, ihn jedoch in einer völlig anderen Situation erfaßte. Victor saß im Kino und sah sich einen Film an, der ihm ausnehmend gut gefiel. Er konnte nicht begreifen, was über ihn gekommen war.

Er konsultierte einen weiteren Facharzt, diesmal einen Ernährungsspezialisten.

Nach einer Reihe von Untersuchungen und Labortests von Victors Blutzuckerwerten stellte der Arzt fest, es handle sich bei ihm um Hypoglykämie (Absinken des Blutzuckergehalts unter Normalwert). Sein Körper pumpte vermehrt Adrenalin in das System, um das plötzliche Absinken seines Blutzuckers auszugleichen. Die Therapie lautete Diät.

Es fiel Victor nicht leicht, seinen geliebten Fast-Food-Lokalen fernzubleiben, die er einer Rohkostdiät bei weitem vorzog. Doch aus Angst vor einem erneuten Panikanfall hielt er sich eisern an die Diätvorschriften.

Und dennoch hatte er wieder eine Panikattacke. Auch diesmal wurde er plötzlich und völlig unerwartet davon befallen.

Damit soll nicht gesagt sein, daß alle Ärzte, die Victor konsultierte, eine Fehldiagnose stellten. Wäre er eine Frau gewesen, hätte man bei ihm PMS (Prämenstruelles Syndrom) diagnostiziert, da die Symptome, die *alle* Ärzte bei ihm feststellten, auf diese Störung hinwiesen.

Phobien und Panikanfälle sind selbst für Spezialisten verwirrend, besonders im Hinblick auf die Tatsache, daß diese Störungen immer mehr im Anwachsen begriffen sind. Jedes Jahr suchen mehr Patienten Hilfe bei Fachärzten und in psychiatrischen Kliniken.

Phobien werden heute von vielen führenden Kapazitäten und Organisationen der Psychiatrie noch vor Depressionen und Alkoholismus eingestuft, den bislang häufigsten seelischen Störungen unter der amerikanischen Bevölkerung.

Zum Glück gibt es heute mehr und bessere Diagnose-, Therapie- und Heilungsmethoden für alle Phobien und die begleitenden Panikanfälle.

Und es gibt eine noch bessere Nachricht. Wenn Sie unter einer Phobie leiden, können *Sie* viel dazu beitragen, um *sich selbst* zu helfen, wie Sie in späteren Kapiteln erfahren werden.

Halten Sie sich stets vor Augen, daß ein phobisches Leben ein eingegrenztes Dasein ist. Lassen Sie sich nicht zum Gefangenen Ihrer Angst, genauer Ihrer irrationalen Angst machen. Ein Weg, diese Möglichkeit auszuschalten, besteht darin, Art und Grad Ihrer Symptome zu definieren, indem Sie sich den angsterzeugenden Sachverhalten stellen.

Als Phobiker sind Sie ein ängstlicher Mensch und als ängstlicher Mensch sind Sie Pessimist. Im Verlauf dieses Buches werden Sie eine Reihe von Eigentests für Pessimisten kennenlernen, mit deren Hilfe Sie Ihre Schwachpunkte ausfindig machen und Ihre Ängste beheben können.

Verstehen Sie diese Eigentests als Spiel, ohne sie deshalb

weniger ernst zu nehmen. Sie sind sorgfältig nach wissenschaftlichen Gesichtspunkten ausgearbeitet, um Ihnen zu erleichtern, sich Ihre Phobien und deren Wirkungen auf Ihre Seele, Ihren Körper und Ihre Fähigkeit im Umgang mit Alltags-Streßsituationen bewußtzumachen.

Nachfolgend eine *Checkliste,* die Ihnen eine genaue Definition Ihrer Wahrnehmung angsterzeugender Elemente ermöglicht.

Checkliste der Angstsymptome

Möglicherweise wird Ihnen nie bewußt, was der Auslöser Ihres Panikanfalls war. Sie wissen nur mit Sicherheit, daß Sie einen Panikanfall gehabt haben. Über einen bestimmten Zeitraum – er kann wenige Minuten, bis zu mehreren Stunden andauern – empfinden Sie akute seelische und körperliche Schmerzen.

Diese Symptome resultieren nicht aus körperlicher Überbelastung, Medikamenteneinnahme, medizinischen Störungen; es liegt auch keine reale lebensbedrohende Situation vor.

Hier eine Liste von zwölf Kernsymptomen. Prüfen Sie, welche davon Sie in ausgeprägtem Maße im Verlauf eines Panikanfalls verspürt haben:

Herzklopfen _____
Atemnot _____
Beengung in der Brust _____
Das Gefühl zu ersticken _____
Unruhe _____
Schweißausbruch _____
Schwächegefühl _____
Zittern
Das Gefühl, überzuschnappen
oder tot umzufallen _____

Das Gefühl der Irrealität _____
Ein sonderbares Kribbeln _____
Heiße oder kalte Schauer _____

Wenn Sie mindestens vier dieser zwölf Symptome verspürt haben, können Sie davon ausgehen, daß Sie einen wirklichen Panikanfall, gemäß der von der amerikanischen Psychiater-Vereinigung erstellten Diagnosenormen, erlitten haben.

Wenn Sie solche Anfälle außerdem mindestens *dreimal in einem Zeitraum von drei Wochen* hatten, würde bei Ihnen psychiatrisch eine *Panikstörung* diagnostiziert werden. Hierbei handelt es sich um einen Zustand, der einem fehlgeschalteten Nervensystem entspringt und Alarm auslöst, ohne daß ein Grund dafür vorliegt, da keine echte Bedrohung, keine Gefahr, kein Risiko besteht.

Panikstörung, bisweilen auch als Angstzustand bezeichnet, ist ein phobisches Phänomen, das die Menschen überall auf der Welt seit Hunderten von Jahren befällt, doch erst in jüngster Zeit als besondere Form phobischer Störung erkannt wurde.

Wenn Sie glauben, davon befallen zu sein, machen Sie sich keine unnötigen Sorgen. Es gibt eine Reihe von therapeutischen Maßnahmen, nicht zuletzt hochwirksame Anti-Panik-Medikamente, und eine Vielzahl nichtmedikamentöser Behandlungstechniken.

Die meisten Phobien lösen nicht die schrecklichen Gefühle einer extremen Panikattacke aus, die absolute Überzeugung, jegliche Kontrolle über sich oder die gegebene Situation zu verlieren.

Dennoch können Unsicherheit, Furcht und Angst zu einem Grad anwachsen, der unerträgliche körperliche und seelische Symptome auslöst. Ein reiner Phobie-Anfall kann, im Gegensatz zum Panikanfall, *vermieden* werden, indem man der Quelle der Angst fernbleibt.

Je näher man der Angstquelle kommt — so unrealistisch

oder irrational sie auch sein mag — desto stärker wird der Betroffene von Angstsymptomen befallen.

Nachfolgend eine allgemein gehaltene Liste phobischer Symptome, von denen einige allgemein verständlich ausgedrückt sind, da viele Phobiker sie so beschreiben.

Sehen Sie sich diese Liste an. Haben Sie einige dieser Symptome erlebt? Häufig? Stark? Kreuzen Sie die jeweiligen Gefühle an, die sie verspürt haben. Wenn Sie ein Symptom häufig oder stark erlebt haben, markieren Sie es mit zwei Kreuzen...

Sich zittrig fühlen   _____
Plötzliche Magenkrämpfe   _____
Weiche Knie   _____
Drang zu urinieren   _____
Schluckhemmung   _____
Spucke husten   _____
Atemnot   _____
Drang, den Raum zu verlassen   _____
Die Nerven sind völlig blockiert   _____
Das ist das Ende   _____
Zu keinem klaren Gedanken fähig sein   _____
Alles ist durcheinander   _____

Es ist nicht nötig, Ihre Kreuze zu addieren. Es macht wenig Unterschied, wie viele dieser Symptome Sie *einmal* angekreuzt haben, da sie häufig auftreten... wir alle verspüren gelegentlich einige davon, da wir alle hin und wieder Angst haben, ohne daß diese Empfindungen negative Auswirkungen auf unser gesamtes Leben haben.

Wenn Sie mehrere dieser Symptome *zweimal* angekreuzt haben, müssen Sie zwar noch nicht unbedingt zu denen gehören, die die Paniktaste drücken, sind jedoch vermutlich phobischer als Ihnen lieb ist und gewiß phobischer, als für Ihr Wohlbefinden gut ist.

Sie befinden sich auf einem schmalen Grat zwischen

einem unbeschwerten Leben und einem phobischen Leben.

Vielleicht sind Sie nur einen Schritt vom blanken Entsetzen entfernt, von Phobien, die Sie terrorisieren und lähmen.

Ja, lähmen.

2. Kapitel

Lähmende Ängste

Ist das Glas halb voll oder halb leer?
Der Optimist antwortet darauf: »Es ist halb voll. Sieh mal, wieviel noch drin ist.«
Der Pessimist hingegen wird antworten: »Es ist halb leer. Bald ist gar nichts mehr drin.«
Der Phobiker ist ein Pessimist, zumindest was seine/ihre Phobien angeht. Das Schlimmste steht uns noch bevor...
»Die Brücke hält zwar jetzt noch, aber wer weiß, was geschieht, wenn noch ein Auto darüber fährt? Und was ist, wenn ich in diesem Wagen sitze? Was passiert, wenn es nur noch dieses einen Wagens bedarf, um die Brücke zum Einsturz zu bringen?«
»Verstehen Sie mich nicht falsch, Doktor. Nicht, daß ich kein Vertrauen zu Ihren chirurgischen Fähigkeiten hätte. Aber es passiert doch immer wieder etwas. Was ist, wenn Ihre Hand abrutscht? Wenn Sie mitten in der Operation einen Herzanfall bekommen?«
»Ich weiß natürlich, daß ein Kondom mich vor Schwangerschaft oder AIDS schützt. Und was ist, wenn es platzt? Und ich gerade meinen Eisprung habe?«
Drei Phobiker, die alle unter der Krankheit ›Was ist, wenn‹ leiden. Das ist das Hauptmerkmal des Phobikers und der Grund, warum Phobie auch als ›Was-ist-wenn-Krankheit‹ bezeichnet werden könnte.
Wenn ein Phobiker sich einer Sache gewiß ist, so ist es die Tatsache, daß ihm das Schlimmste noch bevorsteht und er wartet auf das drohende Unheil mit einem Gefühl

der Gewißheit. ›Was ist, wenn‹ wird zum Synonym für: »Ich bin hundertprozentig sicher, daß es passiert!«

Da der Phobiker immer das Schlimmste erwartet, ist es kein Wunder, daß er immer wachsam, ängstlich und nervös mit der Möglichkeit rechnet, der Ursache seiner Phobie zu begegnen. Wie ein Soldat, der Wache schiebt, und um keinen Preis seinen Posten verlassen darf.

Es geht darum, immer bereit zu sein, auf der Hut, angstvoll darauf zu warten, vom ›Schlimmsten‹ getroffen zu werden.

Der einzige Ausweg, dieser Wachsamkeit zu entrinnen, besteht darin, alles zu vermeiden, was damit in Verbindung steht. Fahre nicht über diese Brücke, schiebe die Operation hinaus, laß die Finger von Sex... genau das müssen die drei vorgenannten Phobiker tun.

Natürlich zieht ein solches Vermeidungsverhalten weit mehr nach sich, als nur eine geringfügige Einschränkung des Lebens. Es hindert Sie möglicherweise daran, von einem Ort zum anderen zu gelangen, wenn es keinen anderen Weg dorthin gibt als über die Brücke. Vielleicht verkürzt sich Ihre Lebenserwartung drastisch, wenn die hinausgezögerte Operation eine Sache von Leben und Tod ist. Gewiß bringen Sie sich um eine der beglückendsten Freuden im Leben und machen sich damit vielleicht unglücklich, wenn Sie sexuelle Beziehungen als Bedrohung ansehen.

Und mit jeder Vermeidung der gefürchteten Sache verstärken Sie Ihre Phobie. Eine Vermeidung kommt zur nächsten und wächst zu einer wahrhaft lähmenden Angst an.

Wieso?

Da Sie Ihre Angst zur Gewohnheit werden ließen. Das Vermeiden der Ursache Ihrer Angst wird zur automatischen Reaktion, die Sie nicht mehr steuern oder anhalten können.

Blankes Entsetzen kann so überwältigend sein, daß Sie

es tatsächlich riechen können. Das ist keine Übertreibung. Einer der amerikanischen Geiseln in der US-Botschaft im Iran während Jimmy Carters Präsidentschaft formulierte es. Nach seiner Befreiung sagte der Mann, es habe Zeiten gegeben, in denen »man die Angst förmlich riechen konnte!«

Kein Phobiker kennt den Geruch der Angst besser als derjenige, der unter der lähmendsten aller Ängste leidet...

Platzangst (Agoraphobie)

Wenn jemand als Gefangener seiner Angst bezeichnet werden kann, so der Agoraphobiker, ein Mensch, der beim Gedanken, die Geborgenheit seiner Wohnung verlassen zu müssen, von Entsetzen gepackt wird. Und da diese Angst meist in der aktivsten Lebensspanne auftritt, nämlich im Alter zwischen 25 und 45, schränkt sie das gesellschaftliche, familiäre und berufliche Leben des Opfers gleichermaßen drastisch ein.

In ihrer ergreifenden Autobiographie *Afraid of Everything: A Personal History of Agoraphobia* schreibt Daryl M. Woods: »Sie führt in ein persönliches Ödland, aus dem jeder einzelne versuchen muß, sich zu befreien.«

Auch jede einzelne... da es sich bei der Mehrheit der Agoraphobiker um Frauen handelt. Wobei man sich jedoch nicht hundertprozentig auf Statistiken verlassen sollte. Es ist gut möglich, daß mehr Frauen als Männer professionelle Hilfe suchen, also Stellen, die wiederum als Informationsquellen für statistisches Material dienen. Da weiterhin mehr Frauen als Männer nicht berufstätig sind, ist es weniger auffallend, wenn sie das Haus nicht verlassen. Der Durchschnittsmann muß, ob Agoraphobiker oder nicht, zur Arbeit gehen, und sei seine Angst noch so groß.

Platzangst kann durch einen Panikanfall ausgelöst worden sein, der ohne Vorwarnung, ganz plötzlich auftrat; sie kann auch als Reaktion auf einen Angstreiz entstehen. Es muß keine wirkliche Bedrohung vorgelegen haben, sondern nur als Bedrohung wahrgenommen worden sein. Und genau darum geht es bei der Phobie, sie ist die Wahrnehmung einer Bedrohung.

Was auch der Grund ist, falls überhaupt ein Grund vorliegt, ein Panikanfall veranlaßt den anfälligen Mann oder die anfällige Frau, auf den zweiten, dritten und vierten Anfall zu warten. Das Muster ist festgelegt, die Furcht vertieft sich, die Skala der Ängste weitet sich aus. Das Opfer gerät in die Umklammerung der Angst, wird von ihr verschlungen.

Wenn Sie Agoraphobiker sind, können Sie nirgendwo hingehen. Auch wenn Sie nie wieder einen Anfall erleiden, fürchten Sie sich davor, ihn zu bekommen. Überall lauert Gefahr, es sei denn Sie bleiben ›geschützt‹ in Ihrem Panzer – Ihr Haus, Ihre Wohnung, Ihr Apartment, Ihr Zimmer –, ähnlich wie eine Schildkröte von ihrem Panzer geschützt ist, wenn sie den Kopf einzieht und sich darunter versteckt. Die Schildkröte ist allerdings besser dran, weil sie nur den Kopf herauszustrecken braucht und sich mitsamt ihrem Haus auf dem Rücken fortbewegen kann. Diese Möglichkeit hat der Agoraphobiker nicht.

Nicht nur tage-, wochen- oder monatelang, sondern über Jahre hinweg. Es gibt Fälle von Agoraphobikern, die dreißig Jahre und länger in der Abgeschiedenheit ihrer Wohnungen zugebracht haben. Zugegeben Extremfälle. Heute, mit größerem Problembewußtsein und größerer Bandbreite der Therapiemaßnahmen, kann dem angstgepeinigten Opfer geholfen werden, es gibt Heilung von einem mit Grauen erfüllten Dasein, das ihm seine Agoraphobie auferlegt.

Mrs. M. ist heute geheilt, nachdem sie fast fünf Jahre von ihrer Agoraphobie gefangengehalten war. Doch diese Jahre forderten ihren Preis. Sie faßt das Ergebnis in einem einzigen Satz zusammen:

»Zuerst verlor ich meinen Job...«

»...dann verlor ich meine Freunde und schließlich meinen Mann.«

Die Belastung war für sie und die Menschen ihrer Umgebung zu groß.

»Ich mußte mich an Menschen anlehnen«, sagt sie. »Das war unbedingt nötig. Bereits der Blick aus dem Fenster brachte mich aus dem Gleichgewicht. Wissen Sie, was da draußen lauerte? Der Tod.

Das klingt für einen normalen Menschen vielleicht lächerlich, aber nicht für einen, der unter Agoraphobie leidet. Ich fühlte mich umzingelt und gleichzeitig isoliert. Es gab Zeiten, in denen meine Ängste so stark waren, daß ich mich keuchend in eine Zimmerecke verkroch.

Ich konnte nicht einmal die Medikamente schlucken, die mir verschrieben worden waren. Die Tabletten blieben mir im Hals stecken. Kehlkopfverkrampfung, sagte der Arzt.«

Lange Zeit, bevor Mrs. M. einen Arzt aufsuchte, kaschierte sie ihre wachsende Unruhe hinter Ausflüchten.

»Zuerst belog ich mich selbst, dann belog ich andere, um das Haus nicht verlassen zu müssen.«

Die kinderlose Enddreißigerin, Mrs. M., arbeitete als zweite Geschäftsführerin bei einer Bank, als das Grauen zum ersten Mal zuschlug. Um zur Arbeit zu gelangen, mußte sie mit dem Bus fahren. Eines Morgens konnte sie sich nicht aufraffen, den Bus zu besteigen.

»Zum Glück war ich nicht darauf angewiesen, Geld zu verdienen. Mein Ehemann hatte ein hohes Einkommen und brachte mir großes Verständnis entgegen. Im Grunde genommen sah er es ohnehin lieber, wenn ich daheim die altmodische Hausfrau spielte. Als ich darüber klagte, daß ich mich im Berufsleben nicht mehr wohl fühle und aufhören wolle zu arbeiten, hatte er keinerlei Einwände und fand es richtig, daß ich zu Hause ein geruhsames Leben führe.«

Keiner von beiden erkannte zu diesem Zeitpunkt, daß diese Überlegung falsch war und lediglich dazu beitrug, die Phobie zu verstärken. Unbewußt machte sich Mrs. M. das Verständnis ihres Ehemanns um ihr Wohlergehen zunutze.

»Meine Besorgnis um ihn verstärkte sich«, erklärte sie. »Ich ermahnte ihn, beim Überqueren der Straße aufzupassen, sich vor Straßenräubern in acht zu nehmen, gesund zu essen. Ich behandelte ihn ebenso überfürsorglich, wie meine Eltern mich behandelt hatten.«

Das mag ein Hinweis auf den Ursprung ihrer Phobie sein. Dr. Julian M. Herskowitz, Leiter des TERRAP Phobie-Therapiezentrums in New York, äußert sich hierzu: »Überfürsorgliche Eltern projizieren meist ihre eigenen Ängste auf das Kind und geben ihm das Gefühl, die Welt sei ein gefährlicher Ort, an dem jederzeit schreckliche Dinge geschehen können.

Und«, fügt er hinzu, »wenn ein Partner sich übertriebene Sorgen um den anderen macht, ist das oft ein Hinweis, daß er sich in Wahrheit Sorgen um die eigene Person macht, also fürchtet, verlassen zu werden.«

Mrs. M.s Sorge um ihren Ehemann war im Grunde genommen eine Tatsachenverdrehung. Eine unbewußte Vertuschung ihrer Angst, von ihrem ›Beschützer‹ getrennt, das heißt von ihrem Ehemann verlassen zu werden, wenn sie ihn am dringendsten brauchte.

Die medizinische Fachsprache bezeichnet dies als ›pathologische Abhängigkeit‹. Im normalen Sprachgebrauch bedeutet es: »Ich brauche dich mehr, als du mich brauchst, aber ich darf dich das nicht wissen lassen.«

Mrs. M. wurde eine wahre Meisterin darin, sich Entschuldigungen auszudenken, um ihre Angst, das Haus zu verlassen, zu vertuschen. Betroffen davon war jeder Bereich des Alltags- und Privatlebens, wie aus den von ihr genannten Beispielen hervorgeht:

»Ich würde gern mit dir Essen gehen, aber ich habe eine Magenverstimmung und möchte lieber zu Hause bleiben.«

»Du willst mit mir einkaufen gehen? Ich würde wahnsinnig gern mitkommen, erwarte aber einen wichtigen Anruf und muß beim Telefon bleiben.«

»Ja, den Film kenne ich. Er wird dir gefallen. Aber ein zweites Mal möchte ich ihn mir nicht ansehen.«

»Kanasta heute abend? Prima Idee. Warum kommt ihr nicht rüber und wir spielen bei mir. Ich habe eine neue Sorte Kekse gebacken, die müßt ihr unbedingt probieren.«

Und so weiter, und so fort.

»Ich drehte Situationen so, daß Freunde mich besuchten, um mir Gesellschaft zu leisten«, sagt Mrs. M. »Doch nach einer Weile blieben sie einfach weg.«

Ein sechster Sinn muß ihnen gesagt haben, daß sie benutzt wurden. Und dann kam der Zeitpunkt, an dem Mrs. M.s Ehemann ebensolche Empfindungen hatte.

Als er sie verließ, bat Mrs. M. eine verwitwete ältere Schwester, ihre Wohnung in einer tausend Meilen entfernten Stadt zu vermieten und eine Weile bei ihr zu leben. Die Schwester, eine erfahrene, kluge Frau, stimmte zu.

»Sie hat mir das Leben gerettet«, sagt Mrs. M. »Eine Freundin von ihr litt ebenfalls unter Platzangst und daher kannte meine Schwester sich ein wenig mit dieser schrecklichen Störung aus. Sie wurde meine Pflegerin, baute mein Selbstvertrauen auf, ohne zuzulassen, daß ich sie benutzte, wie ich meinen Mann und meine Freunde benutzt hatte.

»Zum ersten Mal nach beinahe fünf Jahren war ich in der Lage, das Haus zu verlassen, Schritt für Schritt, am Arm meiner Schwester; Gott segne sie.«

Agoraphobie kann, wie Mrs. M. am eigenen Leib verspürte, das Leben des Betroffenen auf unbestimmte Zeit lähmen, wenn keine Therapie vorgenommen wird. Daneben existieren andere, weniger komplizierte, doch gleichermaßen quälende und krankhafte Ängste. Die Fachliteratur bezeichnet diese Zustände als *einfache* Phobien, nicht weil sie belanglos oder unbedeutend wären, sondern weil sie sich auf ein einzelnes Objekt oder eine Einzelsituation beziehen.

Womit Phobien sich auf Dauer nicht zufriedengeben. Sie weiten sich aus, strecken wie ein Tintenfisch Fangarme aus, um auf andere Objekte oder Situationen überzugreifen. Dies wird Ihnen im Verlauf der Lektüre dieses Buches klar. Weiterhin werden Sie in den späteren Kapiteln sehen, daß es viele Wege gibt, um zu verhindern, daß Phobien sich ausweiten und noch besser, es gibt Methoden, mit denen Sie sich ganz davon befreien.

Zunächst wollen wir uns jedoch eingehender mit der zersetzenden Wirkung einzelner Störungen befassen.

Nachfolgend finden Sie eine Liste der häufigsten Phobien sowohl in ihrer lateinischen oder griechischen Fachbezeichnung als auch in der allgemein verständlichen Übersetzung.

Eine beängstigende Liste

Aerophobie	Flugangst
Ailurophobie	Angst vor Katzen
Akrophobie	Höhenangst, Angst zu fallen
Aquaphobie	Angst vor Wasser
Arachnophobie	Angst vor Spinnen
Brontophobie	Angst vor Donner
Erotophobie	Angst vor erotischen Dingen
Gephyrophobie	Angst vor Brücken, vor Abgründen
Hematophobie	Angst vor Blut
Klaustrophobie	Angst vor geschlossenen Räumen
Kynophobie	Angst vor Hunden
Muriphobie	Angst vor Mäusen
Mysophobie	Angst vor Beschmutzung
Nyktophobie	Angst vor Dunkelheit
Ophidiophobie	Angst vor Schlangen
Photophobie	Lichtscheu

Pyrophobie	Angst vor Feuer
Thanatophobie	Angst vor dem Tode
Triskaidekaphobie	Angst vor der Zahl dreizehn
Xenophobie	Angst vor Fremden
Zoophobie	Angst vor Tieren

Dieser Liste krankhafter Ängste sollten einige neue Phobien hinzugefügt werden, die unser modernes Zeitalter hervorgebracht hat.

Chemophobie	Angst vor Giftmüll
Condophobie	Angst vor Wohnungsnot
Homophobie	Angst vor Homosexualität
Karzinophobie	Krebsangst
Kriminophobie	Angst vor Verbrechen
Nukleophobie	Angst vor Nuklearenergie
Obesophobie	Angst vor Fettleibigkeit
Technophobie	Angst vor der Technik
Urbanophobie	Angst vor Großstädten
Vergewaltigungsphobie	

Diese Liste der Neo-Phobien, wie ich sie nenne, mögen noch nicht in den allgemeinen Sprachgebrauch eingegangen sein, sollten es jedoch nach Meinung des Autors sein.

Sie alle werden in diesem Buch besprochen.

Um jedoch die schreckliche Bedeutung einer bestimmten Form krankhafter Angst zu verstehen, wollen wir uns eine der geläufigeren Phobien betrachten.

Höhenangst (Akrophobie)

Oder die Angst zu fallen. Griechische Bezeichnung: Akrophobie. Wer darunter leidet, weiß, was es heißt, namenlosem Entsetzen ausgeliefert zu sein. Allein schon, wenn Sie die Schlagzeile über ›den Sturz eines Menschen‹ lesen, gefriert Ihnen das Blut in den Adern, sträuben sich Ihre Nakkenhaare und Ihre Nerven beginnen zu flattern.

Nehmen wir den Fall eines Mannes, den wir Harold nennen wollen. Er ist Ende vierzig und leidet seit seinem College-Abschluß unter krankhafter Höhenangst. Sein gesamtes Leben wird von seiner Höhenangst beherrscht.

Er wohnt in einer Parterrewohnung und arbeitet bei einer Versicherungsgesellschaft, deren Büros gleichfalls im Erdgeschoß liegen. Er bearbeitet ausschließlich Kfz-Versicherungen. Seine Kunden kommen entweder zu ihm ins Büro oder er trifft sich mit ihnen in einer ebenerdigen Garage.

Er ginge gern öfter ins Theater, kann sich aber nicht oft einen Platz in den vordersten Reihen leisten, da er weder im Rang noch im Mezzanin sitzen kann.

Seit seiner Studienzeit hat er ausschließlich im Erdgeschoß von Warenhäusern eingekauft. Was er dort nicht findet, muß er in kleineren Geschäften besorgen.

Er hat nie geheiratet und selten Frauenbekanntschaften, da seine Möglichkeiten zu begrenzt sind. Wenn er schon einmal eine Frau kennenlernt, die im Erdgeschoß wohnt, ist sie nicht nach seinem Geschmack, oder sie findet ihn nicht nach ihrem Geschmack. Seinen sexuellen Hunger stillt er über eine stattliche Sammlung von Pornomagazinen, die er hinter der respektableren Literatur versteckt, die seine Bücherregale füllt.

Klingt das komisch?

Ist es aber keineswegs. Harold ist ein depressiver, unglücklicher Mann. »Ich versuchte, meine Höhenangst, meine Angst herunterzufallen, für mich zu behalten«, sagte er. »Aber das war unmöglich. Jeder merkt es über kurz oder lang.«

Was nicht jeder merkte, war das Ausmaß von Harolds Angst. »Keiner weiß, was ich wirklich durchmache. Niemand weiß, daß ich bereits zittere, wenn ich an der Tür eines Aufzugs vorübergehen muß. Ich muß die Augen schließen, um nicht umzukippen. Und das nur beim Anblick einer verdammten Aufzugstür!«

Einmal, beim Zeitungslesen, fiel sein Blick auf das Photo eines Bauarbeiters, der in luftiger Höhe auf dem Gerüst eines Wolkenkratzers arbeitete.

»Beim Anblick des Bildes brach mir der kalte Schweiß aus«, sagte er, »und mir war, als falle ich in einen bodenlosen Abgrund. Ich warf die Zeitung in den Papierkorb und goß mir einen großen Whisky ein, um das Bild aus meinem Kopf zu verbannen.«

Und weiß er, wie alles anfing?

»Ich bin mir nicht sicher«, sagt Harold, »in großer Höhe wurde mir immer leicht mulmig. Aber ich erinnere mich an einen Vorfall in den Sommerferien. Es war ein heißer Tag und ich sonnte mich auf dem Dach des sechsstöckigen Mietshauses, in dem meine Eltern wohnten.

Und als ich auf meiner geteerten ›Dachterrasse‹ lag, glaubte ich, jemand rufe unten auf der Straße meinen Namen. Ich trat an den hohen Drahtzaun, der das Dach umgab und schaute hinunter. Dort unten klemmte ein Bulle gerade einen Strafzettel wegen Falschparkens an die Scheibe meines Wagens.

Zunächst wurde ich wütend. Dann bekam ich Angst. Und plötzlich wußte ich nicht mehr, was mit mir los war. Ich spürte, gleich stolpere ich über den Maschendrahtzaun und falle hinunter auf die Straße. Schlimmer noch, ich verspürte den unbändigen Drang zu springen und auf dem Rücken des Bullen zu landen und ihn unter mir zu Boden zu drücken.

Mir wurde schwindelig. Mir war, als drehe sich mein Kopf auf meinem Hals im Kreis herum. Als würde mir das Herz aus der Brust springen. Ich wußte nicht, was ich tun sollte. Ich hatte einen totalen Zusammenbruch.«

Bis zum heutigen Tage meidet Harold höher gelegene Orte, selbst Treppenabsätze. Sein gesamtes Leben wird von seinem Zwang beherrscht, das zu vermeiden, was für ihn eine lebensbedrohende Gefahr darstellt.

Es ist sehr bedauerlich, daß er sich an diese Lebensweise klammert. Denn das müßte nicht sein. Es gibt viele Methoden, die ihm helfen könnten, seine Höhenangst zu besiegen. Doch Harold hat sich dafür entschieden, nur die Vermeidenstechnik anzuwenden. Wenn er sich nicht zu einer wirkungsvolleren Strategie entschließt, wie Sie sie in diesem Buch finden, bleibt er weiterhin dazu verdammt, ein von Zwängen beherrschtes Leben zu führen.

Ein geringes Maß an Höhenangst kennt jeder von uns. Niemand weiß das besser als Produzenten von Film- und Fernsehkrimis. Eine Szene, in der Held oder Heldin sich in schwindelnder Höhe über eine Straße an ein Fenstersims klammert, hält die Zuschauer in atemloser Spannung.

Zum Glück ist dieses Gefühl nicht von langer Dauer. Ist die Szene vorüber, mag sie auch in einer tragischen Katastrophe enden, entfährt den Zuschauern vielleicht ein entsetzter Schrei, doch damit ist ihre Angst vorbei.

Wir haben uns wieder unter Kontrolle, wir reagieren nicht mehr phobisch.

Es gibt eine andere, weitverbreitete Angst, von der wir alle zu einem gewissen Grad befallen sind. Die einzigen Ausnahmen sind Astronauten, Männer und Frauen, die in der Enge einer Raumkapsel unbedingte Ruhe und einen absolut klaren Kopf behalten müssen. Diese Angst, wie Sie vermutlich bereits erraten haben, ist die Klaustrophobie...

Die Angst vor geschlossenen Räumen (Klaustrophobie)

Oder, um es anders auszudrücken, Klaustrophobiker *brauchen* Freiräume.

Im Theater sitzen sie am Mittelgang, ebenso in Flugzeug, Zug und Omnibus. Im Lokal lehnen sie einen Tisch ab, der sie in eine Ecke drängt, auch wenn das heißt, eine halbe Stunde auf einen ›sicheren‹ Platz zu warten. Sie müssen sich stets einen Fluchtweg offenhalten. Der Gedanke an eine Schiffsreise vermag einen Klaustrophobiker in Panik zu versetzen. Nur eine wirklich geräumige Kabine kann diese Furcht beheben.

Der Kapitän einer großen Schiffahrtgesellschaft sagt, daß manche Phobiker ihre Seetüchtigkeit während einer dreitägigen Fahrt zwischen Miami und den Bahamas erproben — allerdings nicht in einer engen Kabine unter Deck, die ihre Angst, eingeschlossen zu sein, nur erhöhen würde, sondern in einer hellen, geräumigen Oberdeckkabine mit Panoramafenstern, die ihnen das Gefühl der *Weiträumigkeit* vermittelt. Ein Luxus, der zur Therapie werden kann. Wer seine Angst, sich an Bord eines Schiffes aufzuhalten, überwindet, kann möglicherweise auch mit seiner Klaustrophobie in anderen geschlossenen Räumen umgehen.

Das gleiche positive Ergebnis kann jeder haben, dem es gelingt, einen Aspekt seiner Phobie zu beheben, denn ein Erfolg zieht den nächsten nach sich.

Bis dieser erste Schritt getan ist, bleibt der Klaustrophobiker jedoch unruhig und nervös, immer darauf bedacht zu vermeiden, in die Enge getrieben zu werden, wo ihm der kalte Schweiß ausbricht. Solches Verhalten ruft beim Nicht-Phobiker zuweilen Heiterkeit hervor.

Das ist völlig falsch.

Wenn Sie selbst nicht unter Klaustrophobie leiden, werden Sie die Betroffenen besser verstehen, wenn Sie die grausamen Auswirkungen kennen.

Dorothy ist so ein Fall.

»Ich kann Großstädte nicht ertragen«, sagt sie. »Ich halte enge Straßen nicht aus. Menschenmengen machen mich wahnsinnig. Ich kann es nicht ertragen, durch Unterführungen zu fahren. Ich kann nichts ertragen, das mich beengt.«

Was sie auch tut, wohin sie auch geht, sie ist stets von

Angst begleitet und lebt buchstäblich am Rande der Panik. Sie verbringt unzählige Stunden damit, Umwege zu machen, um nicht ›eingesperrt‹ zu sein, ein Wort, das sie häufig benutzt.

»Ich stelle mich nicht in lange Warteschlangen«, sagt sie, »da fühle ich mich eingesperrt, besonders wenn die Person vor mir groß ist, und ich nicht über sie drübersehen kann. Das gleiche passiert beim Autofahren – ich fahre immer mit offenem Fenster –, wenn ich hinter einem Lastwagen hänge, der mir den Blick versperrt. Ich fühle mich gefangen, könnte aus der Haut fahren und habe nur einen Gedanken, wie ich da rauskomme, bevor ich umkippe.«

Fragt man sie, wovor sie sich eigentlich fürchtet, antwortet sie: »Vor dem Eingesperrtsein glaube ich, gefangen zu sein, keine Fluchtmöglichkeit zu haben.«

Sie war jedoch nur ein einziges Mal in ihrem Leben ›eingesperrt‹, soweit sie sich erinnert. Das liegt Jahre zurück, kurz nach ihrer Hochzeit. Das junge Paar war übers Wochenende im Haus von Freunden eingeladen. Nachts mußte sie aufs Klo und kam nicht mehr heraus. Die Tür klemmte. Sie rüttelte und zerrte an der Klinke. Die Tür ließ sich nicht öffnen.

»Ich war außer mir«, sagt sie. »Aber es war mir peinlich, gegen die Tür zu hämmern und um Hilfe zu rufen. Schließlich war es mitten in der Nacht und ich hatte mich selbst ins Klo eingeschlossen.«

Sie mußte dann doch gegen die Tür hämmern, weil sie in einen unerträglichen Zustand der Panik geraten war. Das nackte Entsetzen hatte sie gepackt und sie gesteht: »Ich hatte solche Angst, daß es mir egal gewesen wäre, das Klo splitternackt zu verlassen. Nur um dieser Hölle zu entrinnen.«

›Dieser Hölle entrinnen‹ trifft den Nagel auf den Kopf, wenn es um Klaustrophobie geht.

Was tut jemand wie Dorothy, wenn er sich eingesperrt fühlt?

»Als erstes halte ich Ausschau nach einem anderen Phobiker«, sagt sie.»Nicht nur, daß Elend Gesellschaft liebt, wie es in einem Sprichwort heißt; das Elend eines anderen kann zum eigenen Sicherheitsventil werden. Ich halte also Ausschau nach jemand, der ängstlich und nervös wirkt und suche seine Nähe.«

Auf diese Weise überwindet sie ihre Angst in der U-Bahn. Sie sagt, sie findet so gut wie immer einen anderen Klaustrophobiker.

»Man erkennt sie daran, wie sie sich an den Haltegriffen festklammern, wenn sie stehen, oder sich vor Angst fast in die Hosen machen, wenn sie zwischen zwei anderen Fahrgästen sitzen und sich eingeklemmt fühlen. Ich stelle mich direkt daneben und ich könnte schwören, daß sie fast immer in mir die verwandte Seele spüren. Und sie sind dankbar um meine tröstliche Nähe und das wiederum bewirkt, daß ich meine Panik in den Griff bekomme. Und wenn ich es schaffe, wenigstens eine kurze Zeit ruhig zu bleiben, weiß ich, daß die Panik abflaut.«

Dieser Technik bedient sie sich, um das Gefühl des Eingesperrtseins in der U-Bahn zu überwinden, ein Verkehrsmittel, das sie allerdings nur benutzt, wenn sie keine andere Transportmöglichkeit hat. Es ist ein Notbehelf, der auch bei anderen einfachen Phobien angewendet werden kann.

Mehr darüber später. Zunächst wollen wir uns mit einer anderen Gruppe krankhafter Ängste befassen:

Soziale Phobien

Das Opfer dieser Form phobischer Angstzustände lebt in der Überzeugung, ständig im Blickpunkt zu stehen, fühlt fortwährend alle Blicke auf sich gerichtet, muß wahnsinnig aufpassen, um sich nicht in der Öffentlichkeit bloßzustellen.

Nach Ansicht von Phobie-Experten sind Männer wie Frauen gleichermaßen davon betroffen. Schüchterne und sensible Menschen sind besonders anfällig dafür.

Im Beisein anderer Menschen müssen Sozialphobiker auf jedes Wort achten, das sie sagen, auf jede ihrer Gesten, jeden Gesichtsausdruck, den sie signalisieren. Wenn sie erröten, weil sie gelobt werden, oder vor Nervosität blaß werden, ›sterben sie vor Verlegenheit‹.

Die Angst vor Bloßstellung ist das Kernproblem der sozialen Phobie. Dickfellige Menschen können Kritik leichter abschütteln, sich sogar darüber lustig machen, ohne gekränkt zu sein, oder zumindest ohne Anzeichen erkennen zu lassen, daß sie gekränkt sind. Das Bewußtsein dünnhäutiger Menschen ist jedoch zu hochentwickelt, als daß eine Kränkung an ihnen abprallen würde.

Sie können nicht gleichgültig und unbeteiligt sein. Wenn sie es schaffen, sich selbst zu behaupten, schaffen sie das nur, wenn es keinen anderen Ausweg gibt, und sie schaffen es nur auf Kosten ihres empfindlichen Nervensystems.

Da ihre Schüchternheit sie hemmt, schnell Beziehungen zum anderen Geschlecht zu knüpfen, und ein hohes Maß an Unsicherheit sie daran hindert, mit Menschen, zu denen sie sich hingezogen fühlen, Kontakt aufzunehmen, weisen Sozialphobiker eine geringere Heiratsrate auf als andere phobische Menschen.

Hören wir uns die Geschichte eines völlig frustrierten Junggesellen mittleren Alters an, den wir Leo nennen wollen. Ich nenne ihn deshalb Leo, um den Gegensatz zwischen dem löwenhaften Charakter, den der Name suggeriert – und dem hilflosen Menschen, der Leo in Wirklichkeit ist, hervorzuheben.

So etwas geschieht nicht aus Spott. Untersuchungen über Namen und ihren Einfluß auf die Persönlichkeitsentwicklung haben gezeigt, daß Namen große Bedeutung zukommt. Heldennamen sind jedoch keine Garantie dafür, daß der Träger eine heldenhafte Persönlichkeit entwickelt.

Sie können das genaue Gegenteil bewirken. Häufig veranlaßt die hohe Erwartungshaltung den Betreffenden im Verlauf seines Heranwachsens dazu, das erwartete Ergebnis umzukehren.

Die Tugenden, die manche Eltern durch die Namensgebung auf ihr Kind zu übertragen hoffen, stellen sich nicht unbedingt ein. Wenn sie das Kind unbewußt in dieser Erwartungshaltung erziehen, besteht die Gefahr, daß sie die Entwicklung des Kindes beeinträchtigen und eine Persönlichkeit formen, die der totale Gegensatz von dem ist, was sie sich vorgestellt haben.

Leo war so ein Kind, das die durch den Namen implizierte Erwartung nie erfüllte. Er war krankhaft schüchtern. Wenn er in der Grundschule etwas aufsagen mußte, bekam er Ausschlag und machte sich manchmal in die Hose. In der Oberschule konnte er überhaupt nichts aufsagen, da er plötzlich alles vergessen hatte, was er gelernt hatte, und nicht wußte, was er sagen wollte. Und jedesmal, wenn er Ausschlag bekam oder in die Hose machte, oder sein Gedicht vergaß, wurde seine Angst vor weiterer Bloßstellung größer.

»Ich hatte solche Angst vor öffentlicher Bloßstellung, daß ich nur noch am Telefon mit anderen kommunizieren konnte.«

Das ist jedoch nur bis zu einem gewissen Punkt möglich. Dieser Punkt war überschritten, als Leo, der ja kein Agoraphobiker war, sich einen Walkman mit Stereo-Kopfhörern kaufen wollte.

»In einem Kaufhaus der gehobenen Preisklasse fand ich genau das Richtige und wollte mit meiner Kreditkarte bezahlen«, sagt er. »Nie im Leben hätte ich mir träumen lassen, was dann geschah.«

Was dann geschah, wäre für einen Durchschnittsmenschen nichts Ungewöhnliches, für den Sozialphobiker bedeutete es jedoch das nackte Grauen. Etwa eine Woche vor besagtem Einkauf hatte Leo seine Kreditkarte verlegt und den Verlust der Kreditkartengesellschaft gemeldet. Noch am selben Tag fand er die Karte in der Tasche einer anderen Hose wieder und rief die Gesellschaft erneut an, um ihr mitzuteilen, er habe die Kreditkarte wiedergefunden, sie sei gar nicht verloren, man möge die Sperrung wieder aufheben.

Und genau das geschah nicht. Als Leo mit der Kreditkarte seinen Stereo-Walkman bezahlen wollte, wurde er beschuldigt, eine gestohlene Kreditkarte vorzulegen.

»Hätte man mich des Mordes beschuldigt, hätte ich mich nicht elender fühlen können«, sagt er. »Ich versuchte, den Zusammenhang zu erklären, ohne Erfolg. Man holte den Sicherheitsbeamten, der mich bewachen sollte, um meine Flucht zu verhindern.

Beim Anblick dieses Beamten in Uniform brach ich vollends zusammen. Ich konnte weder denken noch sprechen. Ich wußte, es lag ein Mißverständnis vor und ich war im Recht, aber ich war so beschämt, daß mein Verstand mir nicht gehorchte. Ich war in kaltem Schweiß gebadet, hatte Gänsehaut am ganzen Körper und zitterte wie Espenlaub. Es war eine grauenvolle Erfahrung.«

Leos akutes Problem konnte in einer halben Stunde geklärt werden, doch die tieferliegende Störung wurde durch dieses Erlebnis verschärft.

Von nun an fürchtete er sich, Kreditkarten zu benutzen, nicht aus Angst, wieder beschuldigt zu werden, eine gestohlene Karte zu benutzen, sondern weil seine Hand unkontrolliert zitterte, wenn er beim Einkauf unterschreiben mußte. Der Akt der Unterschriftsleistung wurde für ihn zur erniedrigenden Erfahrung. Schecks konnte er nur noch zu Hause ausstellen und bei seiner Bank einreichen. Von nun an bezahlte er nur mit Bargeld.

Sozialphobiker wie Leo erleiden unglaubliche Demütigungen, wenn sie im Beisein anderer gezwungen werden, bestimmte Dinge zu tun. Manche können das starke Unbehagen nicht ertragen, im Restaurant zu essen, aus Angst, die Tischdecke zu bekleckern, und stehen Todesängste aus. Und je eleganter das Lokal, desto schlimmer ihre Angst.

Die Opfer sozialer Phobien sind bei Parties nicht sonderlich kontaktfreudig, wenn sie sich überhaupt dazu aufraffen, zu Parties zu gehen. Bei gesellschaftlichen oder familiären Zusammenkünften behalten sie ihre Meinung für sich, lächeln zurückhaltend, statt sich an Gesprächen zu beteiligen.

Etwas in der Öffentlichkeit zu tun, macht sie nervös, ob es darum geht, sich den Mantel zuzuknöpfen oder jemand zum Abschied die Hand zu reichen. Wegen ihrer extremen Empfindlichkeit, ›was andere denken‹, sind sie immer drauf und dran, die Paniktaste zu drücken.

Sie machen sich um Dinge Sorgen, die andere völlig kalt lassen. Und je mehr Sorgen sie sich machen, desto schwerer fällt es ihnen, Kräfte zu mobilisieren, um ihre Schwächen zu überwinden. Die Besorgnis wird zur Hauptbeschäftigung.

Was verbirgt sich hinter dieser Besorgnis?

Die Unfähigkeit des waschechten Pessimisten, in der Gegenwart zu sein. Für ihn sind Vergangenheit und Zukunft wichtig. Der notorische Schwarzmaler grübelt über die Vergangenheit, was damals war, was früher geschah. »Ich erinnere mich, wie furchtbar ich mich gefühlt habe, als ich auf der Party damals den Namen meiner Gastgeberin vergessen hatte«, denkt er und macht sich nachträglich Vorwürfe. Damit untergräbt er sein Selbstbewußtsein und setzt einen Baustein der Angst auf den anderen, bis er ein ganzes Gebäude aus Angst errichtet hat und völlig verwirrt ist.

Der eingefleischte Pessimist macht sich natürlich auch Sorgen um die Zukunft. Er rechnet immer mit dem Schlimmsten. Hier treten die ›Was-ist-wenn-Überlegungen‹ in Kraft. »Was ist, wenn ich die Prüfung nicht schaffe? ...wenn der Lift zwischen den Etagen steckenbleibt?

...wenn mein Herz beim Sex plötzlich aufhört zu schlagen?«

Könnte der Phobiker die Vergangenheit vergessen und die Zukunft unbeachtet lassen, würde er aufhören, sich Sorgen zu machen und wäre somit kein Phobiker mehr.

Eine gesunde Lebenseinstellung lautet: »Das Vergangene ist gewesen und die Zukunft liegt vor uns.« Die Lebenseinstellung des Phobikers lautet: »Möglicherweise hast du recht, aber darauf kann ich mich nicht verlassen.«

Der Phobiker ist jemand, der behauptet, nicht abergläubisch zu sein, dennoch auf Holz klopft, um Unglück abzuwenden und erklärt: »Ich bin nicht abergläubisch, aber man kann ja nie wissen.«

Der Phobiker ist zu sehr von Angst beherrscht, als daß er positiv denken könnte. Und es fällt ihm schwer, genügend innere Kräfte zu mobilisieren, um diese krankhafte Angst zu überwinden.

Welches sind Ihre gravierendsten Ängste? Gibt es viele davon? Zermürben diese Ängste Sie?

Nachfolgend eine *Checkliste,* die Ihnen die Antworten auf diese Fragen erleichtern und zugleich einen Weg zur Problemlösung eröffnen soll.

Es ist eine klar verständliche Liste, die auf erprobten psychiatrischen Prinzipien beruht und sich auf Umstände und Situationen bezieht, die Angst, Nervosität oder Unsicherheit erzeugen.

Angstinventur

Hier eine Liste von fünfundzwanzig häufigen Ängsten. Prüfen Sie jede einzelne sorgfältig. Wenn Sie eine Sache oder Situation als *besonders beängstigend* erachten, setzen Sie *zwei Kreuze* daneben. Wenn Sie eine Sache oder Situation nur *leicht beängstigend* empfinden, setzen Sie nur *ein*

Kreuz daneben. Und wenn sie Ihnen überhaupt nichts ausmacht, setzen Sie *kein Kreuz* daneben.

1. Scharfe Gegenstände
2. Mäuse
3. Aufzüge
4. Das Fliegen
5. Menschenansammlungen
6. Höhen
7. Kritik
8. Alleinsein
9. Fremde kennenlernen
10. Offene Räume
11. Aus großer Höhe fallen
12. Im Bus oder Zug fahren
13. Insekten
14. Über Brücken fahren
15. Enge Räume
16. Katzen
17. Friedhöfe
18. Autofahren
19. Vorgesetzte
20. Laute Stimmen
21. Eine Straße überqueren
22. Feuer
23. Durch Unterführungen fahren
24. Dunkelheit
25. In der Öffentlichkeit sprechen

Nun addieren Sie Ihre Kreuze. Je weniger Kreuze, desto weniger ängstlich sind Sie. Beträgt die Summe *unter* zwanzig — das heißt die *Gesamtzahl* der Kreuze — können Sie sich als angemessen vorsichtig mit einem gesunden Grad an Wachsamkeit betrachten, der ausreicht, um sich vor möglichen Gefahren oder Schwierigkeiten zu schützen.

Erreichen Sie jedoch *mehr* als zwanzig Kreuze, sind Sie vermutlich ängstlicher, als gut für Sie ist.

Schenken Sie den Punkten, die Sie *zweimal* angekreuzt haben, *besondere Aufmerksamkeit,* denn sie lassen auf Bereiche schließen, in denen Ihre Ängste so ausgeprägt und intensiv sein können, daß sie als Phobien zu bezeichnen sind. So können Sie möglicherweise in Panik geraten, wenn Sie der beängstigenden Sache oder Situation ausgesetzt sind.

Nehmen wir an, Sie haben Punkt 19 (Vorgesetzte) zweimal angekreuzt; Sie ängstigen sich vor dieser Personengruppe so sehr, daß Sie bereits der Gedanke, Ihren Chef um Gehaltserhöhung zu bitten, in Angst und Schrecken versetzt und eine Panik auslösen kann.

Es gibt jedoch auch für hochgradig phobische Ängste Entspannungstechniken; wir werden uns eingehend mit Gegenmaßnahmen beschäftigen — darunter auch Selbsthilfemethoden — die sich erfolgreich mit diesem Problem befassen.

Zunächst möchte ich nachdrücklich betonen, daß es töricht ist, seine Angst zu unterdrücken; richtig ist, sich dieser Angst zu stellen.

In unserer Angstinventurliste taucht die Angst vor dem Ersticken nicht auf, die jedoch für sehr viele Menschen eine Quelle phobischer Angst ist. In manchen Fällen bezieht sie sich auf soeben Gegessenes — beispielsweise nicht entgräteter Fisch — in anderen Fällen handelt es sich um eine generelle Angst vor dem Ersticken, ohne daß ein bestimmter Grund vorliegt.

Wissenschaftler haben immer wieder versucht, solche Menschen davon zu überzeugen, daß ihre Erstickungsangst grundlos ist. Unter heftiger Erstickungsangst leidende Phobiker wurden aufgefordert, ein Glas Wasser zu trinken und willentlich zu versuchen, sich daran zu verschlucken, um eine Erstickungsgefahr hervorzurufen.

Dieses Experiment wurde dreimal täglich mit denselben

›ausgeprägten‹ Phobikern durchgeführt, ohne daß ein einziger sich verschluckt hätte! Im Gegenteil, je häufiger die Versuchspersonen das Experiment durchführten, desto geringer wurde ihre Erstickungsangst.

Und wissen Sie, was am Ende dieser Experimente geschah?

Die Phobiker verloren ihre Angst, zu ersticken. Sie tranken ihr Glas Wasser völlig problemlos. Ebenso verhielt es sich mit Fisch oder jener anderen Nahrung, vor deren Verzehr sie Angst hatten.

Es ist gut zu wissen, daß auch solchen eingefleischten Phobikern geholfen werden kann, ihre krankhaften Ängste zu überwinden. Doch um zu verstehen, wie es dazu kommt, ist es wichtig, mehr darüber zu wissen, wie solche Phobien überhaupt entstehen.

3. Kapitel

Das Entstehen einer Phobie

Zwischen San Francisco und Los Angeles in Kalifornien liegt der kleine Ort Parkfield mit 34 Einwohnern. Das Besondere an Parkfield ist seine geographische Lage. Direkt auf dem berüchtigten San Andreas Graben. Erdbebengebiet. Geologische Untersuchungen sagen für diese Region in den nächsten Jahren ein bedeutendes Beben voraus.

Es wäre also kaum verwunderlich zu hören, daß die 34 Bewohner von Parkfield unter *Seismophobie* (Angst vor Erdbeben) leiden...

Irrtum!

Die Leute von Parkfield sind alles andere als Phobiker.

Eine junge Frau erinnert sich an ein Beben, das 1983 nur wenige Meilen entfernt die Erde erschüttert hatte. Die Druckwelle reichte bis Parkfield, der Fahnenmast im Schulhof schwankte erheblich, Heuballen kullerten von den Traktoren und Leute auf der Straße taumelten zu Boden. Die Frau gesteht zwar: »Beim großen Beben kriege ich wahrscheinlich Angst«, meint aber, jetzt mache sie sich deshalb noch keine Sorgen. Sie wirkt weder nervös, noch handelt sie danach.

Ein anderer Bewohner Parkfields erlebte 1966 ein ziemlich starkes Beben in Südkalifornien. Die jüngste Vorhersage bringt ihn jedoch nicht aus der Ruhe.

»Auf der Grabenlinie in Parkfield fühle ich mich sicherer als in einem Wolkenkratzer in Los Angeles«, sagt er.

Die gleichmütigste Bewohnerin ist wohl Donalee Thomason, die mit ihrem ebenfalls unerschütterlichen Ehemann, ihrem Sohn und dessen Familie auf ihrer Farm Vieh züchtet.

Ihrer Meinung nach wäre sie, wenn sie sich Sorgen über das vorhergesagte Erdbeben machen würde, »im Handumdrehen in einer Gummizelle!«

Was sagt uns diese unerschütterliche Ruhe der Bewohner von Parkfield über Phobien?

Zum einen sagt sie uns, daß Phobien möglicherweise noch weniger vorhersehbar sind als Erdbeben. Zum anderen sagt sie uns, daß zum Entstehen einer Phobie mehr nötig ist als eine wirkliche Gefahr.

Das sollte nicht überraschen. Denn wir haben gesehen, daß Phobiker nicht durch realistische Bedrohungen ihres Wohlbefindens aus der Fassung gebracht werden, sondern durch ihre Wahrnehmung einer persönlichen Gefahr. Sie sind keiner wirklichen Gefahr ausgesetzt und dennoch fühlen sie sich bedroht.

Diese Wahrnehmungen sind so unterschiedlich, wie die Persönlichkeitsstrukturen der Menschen unterschiedlich sind. Was einen Menschen ängstigt, läßt einen anderen völlig kalt. Dann gibt es viele Phobiker, die sich furchtlos einer echten Gefahr stellen, sich aber wegen einer harmlosen Sache oder Situation vor Angst am liebsten verkriechen würden.

Was sagen Sie zu dem beherzten Löwendompteur, der sich nichts dabei denkt, sein Leben täglich in einem Käfig voller wilder Tiere aufs Spiel zu setzen... beim Anblick eines Nachtfalters, der die Lampe in seinem Schlafzimmer umschwirrt, jedoch unkontrolliert zu zittern beginnt?

Seine Insektenphobie hat keinerlei Einfluß auf seinen Mut im Löwenkäfig, veranschaulicht lediglich den verblüffenden Widerspruch menschlicher Verhaltensweisen.

Die Bewohner von Parkfield sind zwar fähig, problemlos jede Besorgnis über ein mögliches Erdbeben von sich zu weisen. Dabei ist jedoch nicht auszuschließen, daß einige von ihnen weit weniger Folgenschweres fürchten, beispielsweise eine völlig sichere Brücke zu überqueren; bei einer öffentlichen Veranstaltung das Tanzparkett zu betreten, oder im Gras zu picknicken (weil eine Ameise über den Teller krabbeln könnte).

Warum erleben manche Menschen solche Ängste und andere sind dagegen völlig gefeit? Wie entstehen Phobien und wie ergreifen sie Besitz von ihrem Opfer? Wie wird man zum Phobiker?

Alle Phobien müssen irgendwo beginnen

Dieses Irgendwo kann überall und jederzeit sein. Wir sprechen von der beängstigenden Erfahrung, die Kontrolle über unsere Gefühle und die Umstände, die zu diesen Gefühlen führen, zu verlieren.

Wenn wir das, wovor wir Angst haben, und den Grund, weshalb wir davor Angst haben, nicht kontrollieren können, dann werden wir hundertprozentig davon verletzt werden. Das ist der Kern phobischen Denkens.

Zum Verständnis des Warums und Weshalbs solchen Denkens müssen wir uns das Gehirn als hochsensiblen Computer vorstellen. Seine Hardware — die Grundausstattung und Funktionsweise des Geräts, die uns von Geburt eingebaut ist — sind unsere sogenannten Erbanlagen. Dann gibt es noch die Software — die Erfahrungen und Erlebnisse, die wir im Verlauf unseres Lebens machen — das sogenannte Milieu.

Ursprünglich wird der Mensch von seinen Genen bestimmt. Das ist unsere Grundstruktur. Unser Grundcharakter wurde bei der Geburt festgelegt und beeinflußt die Art und Weise, wie unser Nervensystem auf alles reagiert, was uns widerfährt.

Der Mensch ist ein Einzelwesen. Ihr Bruder oder Ihre Schwester mögen auf dieselben Erfahrungen völlig anders reagieren, weil deren Wesen sich von Ihrem unterscheidet. Wie die Hardware des Computers unterschiedlich ist, so unterscheiden sich die Wirkungen der Software gleichfalls.

Experten sind der Meinung, daß der Entstehung einer Phobie im späteren Leben ein genetischer Unterbau zugrunde liegt, eine Art Empfänglichkeit, Phobiker zu werden. Es gibt Theorien, wonach jeder diese Empfänglichkeit aufweist, was jedoch nicht bedeutet, daß jeder zum Phobiker wird.

Der Sachverhalt könnte mit Fällen zystischer Fibrose, Diabetes oder Krebs verglichen werden. »Vermutlich weist jeder Mensch Gene auf, die ihn anfällig für Krebs machen«, sagt Dr. Jack Gorman, Leiter biologischer Untersuchungen am New York State Psychiatric Institute, »doch erst wenn sie mit einem bestimmten Umwelttoxin in Kontakt geraten, kann die Kombination von Gen und Toxin eine Zellwucherung auslösen.«

Das muß jedoch nicht der Fall sein, sondern hängt wiederum davon ab, in welchem Maß Sie dafür anfällig sind.

Theoretisch tragen wir alle einen ›Phobiekeim‹ in uns, doch bei den meisten von uns bleibt er latent, da gewisse Faktoren in unserem Organismus ihn nicht zum Ausbruch kommen lassen.

Zumindest solange nicht etwas geschieht, das die tödliche Gen-Toxin-Kombination aktiviert, die wiederum den latenten ›Keim‹ aktiviert und eine phobische Reaktion auslöst.

Ein traumatisches Ereignis kann diesen Prozeß bei einem anfälligen Menschen in Gang setzen.

Eine plötzliche furchtbare Angst

Wenige persönliche Erlebnisse beinhalten so starke Elemente von Überraschung und Gewalt, wie Vergewaltigung. Sie stellt eine furchtbare körperliche und psychische Verletzung dar, die die gesamte emotionale, soziale, moralische und biologische Erwartungsstruktur empfindlich stören kann, die eine Frau zu Weiblichkeit und Männlichkeit hat.

Eine Untersuchung von Vergewaltigungsopfern des US-Justizministeriums stellte fest, daß die Opfer noch nach Monaten und sogar nach Jahren unter schweren, traumatischen Folgen zu leiden hatten.

Zu den schädlichen Folgen des Traumasyndroms nach Vergewaltigungen gehören Zittern, Schweißausbrüche, Brechreiz, Alpträume, Gedächtnisverlust, Depressionen, Appetitlosigkeit, sowie eine langanhaltende Angst vor Dunkelheit, Alleinsein und häufig jeglicher sexueller Aktivität.

»Die Ängste der Frauen sind nicht unbegründet«, sagt Pauline Hart, Gastdozentin an der juristischen Fakultät der Harvard Universität und Expertin auf dem Gebiet der Vergewaltigungspsychologie und Gesetzgebung, »die Angst wird zum Mittel sozialer Kontrolle.«

Mit anderen Worten, das Opfer sexuellen Mißbrauchs verändert möglicherweise ihr gesamtes Leben, um ihre Angst bewältigen zu können.

Vielleicht legt sie sich eine Pistole unter das Kopfkissen, trägt ein Messer in ihrer Handtasche oder nimmt jeden Abend Schlaftabletten, um ihre Nerven zu beruhigen.

»Meist führt das Trauma sexuellen Mißbrauchs zu Angstzuständen«, berichtet Dr. Stefan Pasternack, Psychiater an der medizinischen Fakultät der Universität von Georgetown.

»Diese Zustände können sehr heftig sein und durch etwas Alltägliches ausgelöst werden, etwa das unerwartete Klingeln des Telefons, oder die Begegnung mit einem fremden Mann auf einer einsamen Straße.

Manche Vergewaltigungsopfer reagieren mit totalem sozialem Rückzug. Ihr Mißtrauen gegen Männer kann ein Leben andauern, häufig dann, wenn die erste sexuelle Begegnung als Vergewaltigung stattgefunden hat. Das Trauma wird dadurch ohne Zweifel verstärkt.«

Diese Ausführungen veranschaulichen die Verwandlung von Angst in Phobie. Ein Trauma löst Furcht aus und belastet das Nervensystem so sehr, daß Angst zur überwältigenden Größe wird.

Zum besseren Verständnis wollen wir uns Unterschiede und Gemeinsamkeiten zweier Opfer von Sexualverbrechen betrachten, den Fall einer jungen, unberührten Frau und den einer verheirateten Frau mittleren Alters.

Terrys Geschichte

Sie war sechzehn, als es passierte. Sie ist ein hübsches Mädchen, das sich gern hübsch anzieht. Länger als ein Jahr nach dem Vorfall spricht sie im Flüsterton und senkt beschämt den Blick, als sie ihre Geschichte erzählt.

»Ich lernte diesen Jungen bei einer Tanzparty der Schule kennen. Er war neu in der Stadt und sagte, er kenne niemand. Wir tanzten und ich ließ mich von ihm nach Hause bringen.

Auf dem Heimweg versuchte er ständig mich zu küssen. Ich wehrte mich dagegen. Das machte ihn wütend. Sehr wütend.

Bevor ich wußte, was geschah, hatte er mich von der Straße gezogen, sagte, er bringe mich um, wenn ich schreie. Er zerriß mir das Kleid und ich flehte ihn an: ›Bitte tu es nicht, es ist eine Sünde, es ist eine Sünde.‹

Er hörte nicht auf mich. Er stopfte mir sein schmutziges Taschentuch in den Mund und warf sich auf mich. Ich muß das Bewußtsein verloren haben, denn als ich wieder zu mir kam, war er fort.

Ich war halbnackt und hatte Schmerzen. Ich schaute an mir hinunter und sah, daß ich blutete.

Seither bin ich mit keinem Jungen mehr ausgegangen. Und ich tu es auch nicht. Ich hasse Sex. Ich hasse meinen Körper. Ich wünschte, ich hätte keine Brüste!«

Terrys Trauma wurde durch die Tatsache verstärkt, daß der junge Mann ihr Vertrauen mißbraucht hatte. Ihr ›erstes Mal‹ fand nicht in gegenseitiger Liebe statt, sondern als gewaltsamer Mißbrauch und Schändung ihres Körpers. Sie war sowohl der seelischen wie der körperlichen Kontrolle ihrer Persönlichkeit beraubt worden.

Ihr Mißtrauen gegen einen Mann übertrug sie auf alle Männer. Sie reagiert bereits phobisch auf oberflächliche Beziehungen zu Männern. Sie hat jedoch nicht nur Angst vor Männern und Sex. Sie hat vor nahezu allem und jedem Angst.

Das Trauma ihres Erlebnisses in einer besonders empfindsamen Zeit ihres Lebens aktivierte den phobischen ›Keim‹, von dem wir zuvor sprachen.

Das bedeutet nicht, daß ihre phobische Angst ewig dauern muß. Trotz des Schocks, des Traumas und der immer noch stark empfundenen Verletzung und Wut, können auch solche tiefsitzenden, emotionalen Zeitbomben entschärft und die phobischen Ängste, die sie erzeugen, vertrieben werden.

Vielleicht braucht Terry Hilfe, um das zu schaffen, vielleicht auch nicht. Es gibt eine Reihe von Selbsthilfe-Ansätzen, um auch tiefsitzende Phobien zu überwinden, wie später in diesem Buch besprochen wird.

Zunächst wollen wir uns mit den Ursprüngen von Phobien befassen. Wir haben gesehen, wie sich eine stark traumatische Begebenheit auf eine junge, unberührte Frau auswirkt. Sehen wir uns nun die Auswirkungen auf eine verheiratete Frau an.

Geraldines Geschichte

»Ich war eine Frau, die vor nichts und niemand Angst hatte. Ich ging überall hin, ich machte alles. Das war vor meiner Vergewaltigung. Und dabei handelte es sich bei mir um eine harmlose Vergewaltigung.«

Eine harmlose Vergewaltigung?

»Weil ich nicht verletzt wurde, wird diese Form in Beratungsstellen von Vergewaltigungsopfern als harmlos bezeichnet.«

Geraldines Mann war auf einer Geschäftsreise und sie erwartete ihn erst am nächsten Tag zurück. Es geschah am späten Nachmittag, als Geraldine von der Arbeit nach Hause kam. Der Mann trat von hinten an sie heran, als sie ihre Wohnungstür aufsperrte.

»Ich hatte ihn nicht gehört – er trug Turnschuhe. Er hielt mir ein Messer in den Rücken und verlangte Geld. Ich gab ihm, was ich hatte – ungefähr zwölf Dollar. Ich dachte, er würde gehen, aber das tat er nicht. ›Ins Schlafzimmer‹, befahl er und schob mich durch die Tür und machte sie hinter sich zu.

Bis zu dem Moment hatte ich nicht an Vergewaltigung gedacht, nur an Gewalt, daß er mir den Bauch mit dem Messer aufschlitzen und mich umbringen könnte. Jetzt war ich ihm völlig ausgeliefert. Ich hatte solche Angst, daß ich nichts anderes tun konnte, als ihm zu gehorchen.

Ich machte das, was er von mir verlangte, ganz automatisch. Ich mußte meinen Rock und mein Höschen ausziehen. Dann mußte ich seinen Penis in mich einführen. Das war das Schlimmste, ihn anfassen und in mich einführen zu müssen.

Meine Gedanken waren völlig durcheinander. Plötzlich überfiel mich Angst, schwanger zu werden oder AIDS zu bekommen.«

Angst vor AIDS ja, aber Angst vor Schwangerschaft, bei einer Frau weit über vierzig?

»Ich fühlte mich nur noch als Frau, als eine Frau in keinem bestimmten Alter. Es war egal, daß ich verheiratet war, oder daß ich vor meiner Ehe gern und häufig mit Männern geschlafen hatte. Das wären rationale Gedanken gewesen, doch mein Verstand konnte nicht denken.

Es wäre vernünftig gewesen, ihm zu sagen, er solle ein Kondom benutzen. Doch er war so erregt, daß er mich gar nicht gehört hätte. Er wollte nur, daß ich ihn halte, und das brachte ich einfach nicht über mich. Er glitt aus mir heraus und ejakulierte über mich.

Dann rannte er aus der Wohnung. Zuvor sagte er: ›Kann ich wiederkommen?‹

Ich stand unter Schock, war wie betäubt. Ich wollte zu meinem Mann, wußte aber, daß ich ihn nicht erreichen konnte. Ich hatte Angst, die Polizei zu rufen, tat es dann aber doch.

Sie waren ziemlich schnell da und wollten, daß ich mit ihnen im Streifenwagen nach dem Kerl suche. Da ich nicht aufhörte zu weinen, brachten sie mich in die Notaufnahme des Krankenhauses.

Es war gräßlich. Alle starrten mich an. Der Arzt, der mich untersuchte, war so kalt und ekelte mich beinahe so an wie der Kerl, der mich vergewaltigt hatte.«

Doch Geraldines Qualen waren noch nicht zu Ende.

»Später wurden mir von der Polizei Fotos vorgelegt und ich identifizierte den Sexualverbrecher. Ich sagte dem Beamten, ich glaubte, den Kerl schon einmal in unserer Gegend gesehen zu haben. Eine Woche später wurde er gefaßt.

Dann mußte ich vor Gericht alle möglichen Fragen beantworten, als sei ich die Angeklagte. Ich hatte das Gefühl, sie begriffen nicht, daß eine Frau in Todesangst so reagierte, daß sie der Meinung waren, ich hätte mich gegen ihn wehren sollen. Können Sie sich das vorstellen?

Der Kerl wurde verurteilt und das beruhigte mich ein wenig. Eine große Hilfe war mir auch das Verständnis meines Mannes, der während der ganzen Zeit zu mir stand. Ohne seinen Rückhalt wäre ich vermutlich zusammengebrochen.«

Was ist von diesem traumatischen Vorfall und den folgenden, nicht minder traumatischen Ereignissen geblieben?

»Ich bin krankhaft ängstlich. Ich habe Angst, abends alleine auszugehen. Ich kann bei Dunkelheit nur in Begleitung meines Mannes auf die Straße gehen und muß seinen Arm halten. Trotzdem drehe ich mich ständig um, ob uns nicht jemand folgt. Mein Mann sagt mir immer wieder, ich soll das Geschehene als Erfahrung betrachten; das Leben ist voller schrecklicher Dinge und das sei nur eines davon.

Er hat recht. Es ist die einzige richtige Weise, die Dinge zu betrachten. Wenn ich meine Ängste überwinden soll, muß ich die Sache realistisch sehen. Das dauert seine Zeit.«

Zeit ist ein wichtiger Faktor, um eine ernste phobische Störung zu überwinden. Die Ironie dabei ist, daß Zeit auch ein wichtiger Faktor beim Entstehen einer Phobie ist.

Hier sei darauf verwiesen, daß Sie beispielsweise eine Aufzugsphobie nicht nur deshalb entwickeln können, weil Sie einmal zwischen den Stockwerken steckengeblieben sind und dabei Todesängste ausgestanden haben. Der Ursprung kann in Ihren allgemeinen Lebensumständen liegen, nicht in der einmaligen Erfahrung, zwischen den Etagen steckengeblieben zu sein.

Phobisches Verhalten kann auch erlernt werden. Dazu braucht man Zeit, eine empfindsame Persönlichkeitsstruktur und eine unstabile Erziehung. Zu einer unrealistischen Angst vor Aufzügen kommen vielleicht krankhafte Ängste vor Gewitter, Blitz, Sturm, Wasser und so weiter.

Wir haben es hier mit Phobien zu tun, die im Laufe der Zeit als Folge von erlernten Verhaltensweisen entstehen.

Erlerntes Verhalten

Untersuchungen über Panikattacken und Phobien haben gezeigt, daß Menschen gern plausible Erklärungen für ihre Ängste haben, wenn die tatsächlichen Umstände solche Ängste nicht verdienen.

»Eine Erklärung für ihre Ängste hilft manchen Betroffenen«, sagt Dr. Jack Gorman. »Dadurch verschaffen sie sich eine Rechtfertigung ihrer Angst.«

Doch das ist nicht immer der Fall. Es muß kein mitverursachender Schock, weder ein gravierendes Trauma, wie eine Vergewaltigung, noch ein relativ harmloser Schock, wie Steckenbleiben im Lift, vorliegen.

Nehmen wir Menschen, die sich aus keinem ersichtlichen Grund ständig Sorgen machen. Dr. Thomas Borkovec, Psychologe an der Penn State Universität, ist der Meinung, daß solche Menschen lernen, sich Sorgen zu machen.

Die von ihm als ›überbesorgt‹ bezeichneten Menschen sind extrem vorsichtig, häufig deprimiert und erwarten fast immer das Schlimmste. Ihre Gedanken sind ständig darauf gerichtet, sich wegen allem Sorgen zu machen.

»Der größte Sorgenherd ist die Angst, vor allem die Angst vor Mißerfolg«, sagt er. »Befangenheit, Fehler machen, mit Fremden sprechen, Prüfungen nicht bestehen, Kritik, Führungsqualitäten nicht erfüllen – daraus setzt sich die Angst vor Mißerfolg zusammen.

»Fehler zu machen ist besonders unangenehm und Fehler vermeidet man, wenn man Entscheidungen hinauszögert und möglichst viele negative Faktoren in Betracht zieht. Pessimisten werden von Angst vor Zurückweisung gepeinigt. Die Zukunft empfinden sie ganz allgemein als etwas Bedrohliches und Unentschlossenheit ist ihr Richtmaß.«

Erinnern Sie sich an den Vergleich unseres Gehirns mit einem hochempfindlichen Computer?

Der Kern erlernten Verhaltens, das den Weg zur Phobiebildung ebnet, ist die Information, mit der dieser Computer gefüttert wird. Elterliche Erwartungshaltungen, Spott Gleichaltriger oder Schicksalsschläge tragen dazu bei, diesen Computer zu programmieren und eine Problematik entstehen zu lassen, die aus Mißerfolgsangst einen vorherrschenden Lebensaspekt macht.

Langfristig können sich phobische Einflüsse erlernten Verhaltens zur Katastrophe ausweiten, es sei denn, dem Opfer gelingt es, sich an die Lebensumstände anzupassen und sich mit ihnen abzufinden, die unter seinen ursprünglichen Erwartungen liegen. Andernfalls kann die Enttäuschung den Betroffenen an den Rand der Tragödie führen.

Am besten lassen sich die potentiell verheerenden Auswirkungen einer aus erlerntem Verhalten entstandenen Phobie durch ein Fallbeispiel veranschaulichen.

Der Junge, der lernte, Phobiker zu sein

Er wurde nie bei seinem Vornamen gerufen, den er gemeinsam mit seinem Vater trug, sondern immer Junior genannt; dadurch unterschied er sich vom Vater. Er war aufgeweckt, folgsam und liebenswert. Zum Entzücken seiner Eltern begann er früh zu sprechen und zu gehen; und alle Anzeichen sprachen dafür, daß er es einmal weit bringen würde.

Seine Eltern stellten sich für ihn eine Karriere als Arzt vor — ein berühmter, reicher Arzt. Das entsprach auch Juniors Erwartungen. Er wies das geistige Rüstzeug auf, dieses Ziel zu erreichen.

Die Sache hatte nur einen Haken.

Junior hatte Prüfungsangst. Prüfungen machten ihn völlig nervös. Um seine Nervosität zu kaschieren — und seine Noten in der Schule zu verbessern — mogelte er. Er wurde ein wahrer Meister im Mogeln.

Ebenso meisterhaft verstand er sich darauf, Ausreden zu erfinden, um sich vor Prüfungen zu drücken. Da seine Mitarbeit im Unterricht hervorragend war, schaffte er es oft, einer schriftlichen Prüfung zu entgehen. Seine Mutter, die seine Angst spürte, unterstützte Junior, wenn er sich auf eine wichtige Prüfung vorbereitete. Sie brachte ihm viel Verständnis entgegen, da auch sie in manchen Lebensbereichen unsicher war. Gemeinsam mit ihm bangte sie um das Resultat einer Prüfung.

Oder war er es, der gemeinsam mit ihr bangte?

Wie dem auch sei, Mutter war oft so sehr in Sorge um Juniors Nervosität, daß sie seine Symptome – Atemnot, kalter Schweiß, zittrige Hände – als Krankheitssymptome auslegte und ihm eine Entschuldigung für seine Lehrer schrieb.

Junior war wieder einmal davongekommen. Er konnte die Prüfung zu einem späteren Zeitpunkt nachholen. Doch dazu kam es nur selten.

Die einzigen Prüfungen, die Junior nichts ausmachten, waren solche, bei denen Nachschlagewerke benutzt werden durften. Diese Prüfungen ersparten ihm die Sorge, mogeln zu müssen oder die Angst, durchzufallen.

Trotz seiner Unsicherheit schaffte Junior problemlos den Übertritt zum College. Er galt als Streber, weil er Tag und Nacht lernte, um gute Noten zu bekommen. Andere nannten ihn einen Betrüger, da sie beobachteten, wie er bei Prüfungen Spickzettel aus seinen Schuhen holte oder von seinem Vordermann abschrieb.

Das Traurige an der Sache war, daß er solche Krücken gar nicht gebraucht hätte. Er war klug und begabt, doch man hatte ihm beigebracht – unwissentlich natürlich –, eine andere Meinung von sich zu haben. Seine Fähigkeiten waren überbewertet worden. Man hatte zu hohe Erwartungen in ihn gesetzt.

Der empfindsame und verletzliche Junge wurde von der Mutter über die Maßen verhätschelt, dadurch impfte sie ihm mehr Ängste ein, als er verkraften konnte. Angst wurde zu seinem beherrschenden Lebensfaktor.

Nein, Arzt wurde er nicht. Er hatte zu große Angst vor der Aufnahmeprüfung zum Medizinstudium.

Er wurde Schreiner.

Das war eine kluge Entscheidung. Er vermied, seine geistigen Fähigkeiten zu prüfen, indem er sich dafür entschied, seine manuellen Fähigkeiten zu nutzen.

Das Objekt der Angst zu vermeiden, lautet die Parole des Phobikers. Junior lernte das frühzeitig im Leben und verbrachte Jahre damit, sich darin zu perfektionieren, um seine wachsende Unsicherheit und Mißerfolgsangst in erträglichen Grenzen zu halten.

Er erfüllte die Kriterien, die von der Phobie-Expertin Jerilyn Ross genannt werden – Klugheit, Kreativität, Perfektionismus, darauf trainiert, starke Gefühle zu unterdrücken, um dadurch mit Streß besser umgehen zu können.

»Und plötzlich«, führt sie aus, »tritt eine wichtige Veränderung im Leben des Betroffenen ein, wodurch er sich eingesperrt fühlt und den Drang hat, ›hier rauszukommen!‹ Meist ist das nicht ein einzelner Vorfall, sondern eine langdauernde Erfahrung.«

Juniors Stolperstein war die Aufnahmeprüfung zum Medizinstudium. Das war die Aufgabe, die ihn überforderte. Er hatte das Bedürfnis, ›auszubrechen‹ – und das tat er auch.

Das erklärt die Entstehung einer Phobie nach dem Prinzip erlernter Verhaltensweisen. Der psychoanalytische Ansatz geht jedoch davon aus, daß der ›Keim‹ einer Phobie im Produkt einer unbewußten Vertuschung dessen liegt, was als Sünde oder Fehlleistung wahrgenommen wird.

Das kann auch als Verarbeitungsstrategie von Schuldgefühlen bezeichnet werden, die man unterdrückt. Leider tauchen solche unterdrückten Gefühle in Form einer Phobie wieder auf. Mit anderen Worten, wer glaubt, seine Schuldgefühle im Griff zu haben, wenn er sie verstandesmäßig verdrängt, irrt; im Unterbewußtsein bleiben sie weiter bestehen.

Die Phobie, die als Ergebnis eines solchen seelischen Konflikts entsteht, hat eine eigene Bezeichnung:

Die Phobie ›Ein Tabu bleibt unangetastet‹

Das geht so vor sich. Sie tun — oder wollen vielmehr etwas tun — von dem Ihre sittlich-moralische Erziehung sagt, es sei falsch, verboten, tabu.

Wenn Sie es getan haben — oder nur den Wunsch haben, es zu tun — müssen Sie die Folgen tragen, die aus Schuldgefühlen bestehen. Und diese Tat, ob real ausgeführt oder nur vorgestellt, ist für Sie zu schrecklich, um sich ihr zu stellen. Dadurch wird Ihr hochsensibilisiertes Gewissen belastet.

Also schieben Sie die Sache in Ihrem Kopf weit von sich, verdrängen sie und verbannen sie aus Ihrem Gedächtnis. Aber solche Tabugedanken wird man nicht so leicht los. Sie sind immer noch da und tauchen in anderer Form wieder auf.

Nehmen wir beispielsweise an, Sie hassen Ihren Vater aus mancherlei Gründen. Sie hassen also einen Menschen, den Sie nach herkömmlichen Moralbegriffen eigentlich lieben sollten. Solchen Haß zu zeigen wäre verwerflich. Außerdem bringen Sie Ihrem Vater auch positive Gefühle entgegen, nämlich dann, wenn er freundlich zu Ihnen ist. Und Sie können ihm nicht aus dem Weg gehen, da Sie unter einem Dach mit ihm leben.

Wie lösen Sie dieses Problem?

Gar nicht. Das erledigt Ihr Unterbewußtsein für Sie. Es verlagert Ihren Haß von Ihrem Vater auf ein weniger konfliktbeladenes Objekt, zum Beispiel auf den Hund Ihres Vaters. Es ist viel leichter, den Hund zu hassen, dem Hund aus dem Weg zu gehen und Angst vor dem Hund zu haben — statt Angst vor dem eigenen Vater.

Woher kommt die Angst?

Ganz klar. Ihre Erziehung schreibt Ihnen vor, daß es nicht richtig ist, Ihren Vater zu hassen. Sie müssen solche Gefühle verheimlichen, sonst werden Sie bestraft. Also haben Sie Angst vor ihm.

Wird das Leben einfacher, wenn Sie statt dessen Angst vor dem Hund haben?

Zweifellos. Dieser Tauschhandel belastet Ihr Gewissen weit weniger.

Zuweilen verläuft der Weg zur Entstehung einer Tabu-Phobie in Windungen und Kurven, bevor sich ein wirklich phobisches Leben daraus entwickelt.

Jonathans Fall liefert uns ein typisches Beispiel. Aufgewachsen in einem Elternhaus mit strengen Prinzipien, wonach Tugendhaftigkeit im besten Sinne als ehrenhafteste Charaktereigenschaft für einen rechtschaffenen, gottesfürchtigen Menschen galt in einer Welt, in der Sünde und Fehlverhalten an jeder Ecke lauerten.

Lange bevor er in die Pubertät kam, wußte Jonathan, daß Masturbation tabu war, wenn schon nicht für andere Kinder, so doch für ihn. Dennoch konnte er seine Finger nicht davon lassen.

Dieses Wissen und die Angst vor Entdeckung machten ihn ziemlich unsicher, wie Sie sich denken können. Schuld, Angst und ein wachsendes Gefühl der Scham wirkten gemeinsam auf seine Persönlichkeit ein. Doch er ertrug die wachsende Unsicherheit tapfer und fuhr fort, die verbotenen Freuden, die er als Selbstbefleckung betrachtete, zu genießen.

Dann geschah etwas völlig Unerwartetes und Unvorhergesehenes, als er im warmen Badewasser saß. Draußen war ein Sturm losgebrochen und der Regen prasselte gegen das Badezimmerfenster. Er fühlte sich geborgen, warm und wohlig. Er wünschte sich ein nacktes Mädchen neben sich in der Badewanne. Aber alles was er hatte, war ein Stück Seife und seine Hände.

Genau in der Sekunde, als er zum Erguß kam, erschreckte ihn ein lauter Donnerschlag so sehr, daß er heftig zusammenfuhr und Badewasser und Sperma sich über Wandfliesen und Fußboden ergossen.

Mit zittrigen Händen fuhrwerkte er mit Waschlappen

und Handtüchern herum, um Wand, Fußboden und Wanne zu säubern, um alle Spuren zu verwischen, damit ihn nicht ein Tröpfchen Sperma verriet.

Danach masturbierte er nie wieder. Das bedeutete nicht, daß sein Verlangen nach sexueller Befriedigung nachließ; er suchte Erleichterung bei Prostituierten und war nicht mehr gezwungen, Hand an sich zu legen.

Es wurde ihm zur Gewohnheit, sich häufig die Hände zu waschen, viele Male am Tag. Das wurde zum zwanghaften Ritual.

Dem folgte das Widerstreben, jemand die Hand zu schütteln. Niemandem. Oder die Hand zu halten. Ließ es sich nicht vermeiden, mußte er sich bei nächster Gelegenheit die Hände waschen, war das nicht möglich, so mußte er sich zumindest an einem Trinkbrunnen oder sonstwo Wasser über die Finger laufen lassen.

Von der Angst vor Bestrafung und der Angst vor Krankheit rückte er zur Angst vor Autorität auf. Polizisten stellten eine solche Autorität dar und waren ein Symbol für Bestrafung.

Jonathan erreichte das Erwachsenenalter, ohne erwachsen zu sein. Er heiratete nie. Er fühlte sich nie sauber. Und er fühlte sich nie sicher.

Und nur, weil er einmal ein ›böser‹ kleiner Junge war, der mit sich spielte – und Spaß daran hatte. Er bemühte sich, seine lustvollen Gefühle zu unterdrücken, zumal nach dem furchtbaren Donnerschlag, doch sie tauchten in völlig anderer Maske wieder auf, als Gefühle des Selbstekels.

Von nun an lebte er in Angst vor Bestrafung.

Deshalb wird Jonathan von Gefühlen starker Angst befallen. Sobald er einen Polizisten sieht, bekommt er starkes Herzklopfen und feuchte Hände.

Die Angst ist natürlich grundlos, doch die Symptome sind echt. Er muß nicht sein ganzes Leben lang leiden, ihm kann geholfen werden. Er leidet unter einer Phobie.

Das bringt uns zu den rein biochemischen Faktoren, die

letztlich für den Ausbruch einer Phobie verantwortlich sind. Auch hier kann Abhilfe geschaffen werden, wenn auch auf andere Weise.

Es gibt eine Phobie, deren Geburtsstunde ein Panikanfall ist. Zuerst kommt der Panikanfall, dann die Phobie, meist die lähmendste Phobie von allen: die Agoraphobie. Und das hat nichts zu tun mit Schock, erlerntem Verhalten oder Tabudenken. Die ursprüngliche Panikattacke ist das Ergebnis einer biochemischen Reaktion.

Die biochemische Herkunft

»Jeder geistige Vorgang ist auch ein biologischer Vorgang«, sagt Dr. Jack Gorman, der zusammen mit seinen Kollegen Dr. Donald F. Klein und Dr. Michael R. Leibowitz am New York State Psychiatric Institute zahlreiche Untersuchungen mit freiwilligen Versuchspersonen zu diesem Thema anstellte.

»Meine Kollegen und ich sind absolut davon überzeugt«, sagt er, »daß Menschen als Folge wiederholter Panikattakken unter Agoraphobie, also Platzangst, leiden; uns liegen eindeutige genetische Beweise vor, daß sie aufgrund ihrer biologischen Erbmasse dafür empfänglich sind.«

Ein einfacher Test scheint dies zu beweisen. Erhalten diese Personen eine Infusion der chemischen Substanz Natriumlaktat, entwickeln sie eine Reihe von Symptomen einer Panikattacke – Schwächegefühl, Herzflattern, Schwitzen, Kurzatmigkeit und so weiter.

Bei starker ›Laktatempfindlichkeit‹ kommt es zu einem starken Anstieg von Angstgefühlen. Und, wie im ersten Kapitel erwähnt, geschieht das bei Frauen öfter als bei Männern.

Ein wichtiger Aspekt dabei ist, daß nicht jeder anfällig dafür ist. Irgend etwas in den Genen und im Gehirn macht einen Menschen anscheinend dafür anfällig.

Es gibt Untersuchungen, wonach manche Menschen auf Coffein in hoher Dosierung mit dem Druck auf die Paniktaste reagieren.

Dr. David Sheehan, ein berühmter Forscher und Psychiater an der Universität von Südflorida, hat den Begriff ›Angsterkrankung‹ geprägt, um den biochemischen Hintergrund der Panikstörung zu veranschaulichen.

Menschen, die beispielsweise beim Überqueren einer Straße plötzlich einen starken Panikanfall erleiden, setzen diesen Anfall mit dem Überqueren der Straße in Verbindung.

»Doch in Wahrheit besteht keinerlei Zusammenhang«, sagt er. »Es passiert nur rein zufällig gleichzeitig.«

Dr. Gorman fügt seine eigene Beobachtung hinzu. »Frauen behaupten häufig, ein Streit mit dem Ehemann habe ihren ersten Panikanfall herbeigeführt.

Nun muß die Frage gestellt werden: War dies der erste Ehestreit, den das Paar hatte? Das ist kaum anzunehmen. Es gab vermutlich viele vorangegangene Auseinandersetzungen, von denen keine einen Panikanfall auslöste.«

Können Sie sich dieser Logik verschließen? Wenn Sie das Opfer von Panikanfällen waren und den Grund hierfür in einem bestimmten Vorfall suchten, denken Sie zurück, wie oft ähnliche, wenn nicht identische Vorfälle keine Panik bei Ihnen auslösten.

Vielleicht erkennen Sie, daß der Auslöser biochemisch und nicht situationsbedingt war.

Welches auch der tiefere Grund für eine Panikattacke sein mag, sie ist eine schreckliche Erfahrung. Sie haben Angst, der Anfall könne sich wiederholen. Sie werden extrem wachsam. Und nach gewisser Zeit wird diese Angst zum Bestandteil Ihres Lebens. Sie weichen diesem und jenem aus. Sie vermeiden immer mehr Dinge und Situationen. Bis Sie allem aus dem Weg gehen – dann sind Sie zum echten Agoraphobiker geworden.

Dies ist der Circulus vitiosus, der Teufelskreis einer biochemisch ausgelösten Phobie. Nur weil Sie mit einem übersensiblen Verstand und Nervensystem zur Welt kamen. Ihre Biologie hat Ihnen diese Suppe eingebrockt.

Dennoch müssen Sie nicht verzweifeln. Ihre Biologie kann auch eine Heilung bewirken, Ihnen eine Welt eröffnen, in der es keine Panikanfälle und kein Gefängnis der Platzangst gibt.

Wie?

Darüber sprechen wir später. Zunächst befassen wir uns immer noch mit der Entstehung, nicht mit der Bekämpfung einer Phobie.

Bislang haben wir uns sogenannten ›klassischen‹ Phobien zugewandt, da viele Menschen unter diesen Formen der Angst leiden. Obgleich eine Menge neuer Erkenntnisse über ihre Ursachen und ihre Heilung zur Verfügung stehen, leiden nach wie vor Millionen Menschen darunter, denen diese Informationen nicht zugänglich sind.

Unser Zeitalter hat Phobien hervorgebracht, die bis in jüngster Zeit nicht als solche anerkannt wurden. Sie blieben unbeachtet oder wurden als ›Panikmache‹ abgetan.

Und als immer mehr Menschen aus allen Gesellschaftsschichten unter solchen Ängsten litten, wurden sie zwar nicht mehr als bloße Einbildung belächelt, galten jedoch nicht als Phobien.

Denken Sie daran, daß Phobien auf einer persönlichen Auslegung von Realität basieren und nicht auf der Realität selbst; sie sind die Wahrnehmung einer Realität, die physische Angstsymptome in phobische Reaktionen verwandelt.

Diese Wahrnehmung hat sich verstärkt, da Meldungen über Ängste, auf denen sie beruhen, sich hochgradig verstärkt haben. In den Printmedien, im Fernsehen und im Rundfunk werden wir ständig darauf aufmerksam gemacht.

Eine der sicherlich häufigsten Phobien unserer Zeit ist die...

Krebsangst (Karzinophobie)

»Alles, was mit Krebs zusammenhängt, ist verständlicherweise mit Angst, Mißtrauen und Mythos überfrachtet«, sagt Dr. Bruce Ames, einer der bedeutendsten Krebsforscher Amerikas, Leiter der biochemischen Fakultät an der Universität von Kalifornien in Berkeley.

Das Schlüsselwort ist ›verständlicherweise‹, das klar darauf hinweist, daß es wahrhaft guten Grund gibt, sich vor dieser lebensbedrohenden Krankheit zu fürchten. Das Problem dabei ist, daß diese Furcht überhöht wird und phobischen Charakter annimmt.

»Krebsangst ist ein nationales amerikanisches Phänomen«, sagt der American Council on Science and Health, »und viele Amerikaner würden auf die Frage, welche Todesursache sie am meisten fürchten, vermutlich Krebs nennen.«

Die Saat der Krebsphobie wurde vor Jahren gelegt durch ständig wiederkehrende Berichte wohlmeinender Organisationen, die zu Recht vor verschiedenen Faktoren warnten, wofür ihnen keineswegs ein Vorwurf gemacht werden soll.

Dazu kommen persönliche Erlebnisse; ein Verwandter oder Freund ist an Krebs gestorben oder mußte sich den Qualen einer Chemotherapie unterziehen. Weiterhin die Tragödien von Menschen, die wir bewundern – dabei fällt mir das Beispiel von John Wayne ein – der lange gegen Krebs kämpfte und unterlag. Der potentielle Phobiker denkt an Niederlage und nicht an die Tatsache, daß der bewunderte und geliebte Schauspieler jahrelang *siegte,* weil er sein Leben trotz seiner Krebserkrankung um einige glückliche Jahre zu verlängern vermochte.

Wie bereits ausgeführt, gehen Sie als Phobiker immer nur vom Schlimmsten aus. Wenn Sie eine Meldung der Weltgesundheitsorganisation lesen, daß »die Zahl der Todesfälle durch Krebs in den Industrieländern zwischen

1960 und 1980 trotz medizinischer Fortschritte und Vorbeugemaßnahmen ständig im Wachsen begriffen war«, erschrecken Sie vermutlich zutiefst.

Wären Sie nicht augenblicklich zutiefst erschrocken, würden Sie weiterlesen und erfahren, daß der Anstieg an Krebserkrankungen zu einem erheblichen Maß mit einem Anstieg der Lebenserwartung verbunden ist. Je länger man lebt, desto höher die Wahrscheinlichkeit, an einer Krankheit wie Krebs zu sterben.

Wenn Sie phobie-anfällig sind, fixieren Sie sich auf die schlechte Nachricht und schenken der guten Nachricht keine Beachtung, die besagt, daß es Vorsorgemaßnahmen gibt, um sich gegen Krebs zu schützen – nicht rauchen, richtige Ernährung, häufige ärztliche Untersuchungen und so weiter.

Sie berufen sich vielmehr ausschließlich auf Zeitungsartikel, die von Patienten berichten, denen Ärzte Fehldiagnosen stellten.

So gab es einen Artikel, in dem von einer Frau die Rede war, die von Ärzten als ›paranoid‹ und ›karzinophobisch‹ bezeichnet wurde, da sie ständig über Knoten in ihrer Brust klagte, von denen die Ärzte versicherten, sie seien harmlos. Schließlich mußte die Frau sich einer Brustamputation unterziehen, gefolgt von Strahlen- und Chemotherapie. Sie brachte ihren Fall vor Gericht und erhielt eine Million Dollar Entschädigung.

Dan Rather berichtete in einer CBS-Nachrichtensendung, daß 1984 mehr als 13 000 Frauen sich ›prophylaktischer Brustamputationen‹ unterzogen aus Angst, Brustkrebs zu bekommen, weil ihre Mütter daran erkrankt waren... obwohl ihnen deutlich zu verstehen gegeben wurde, daß dies keine Garantie dafür war, nicht dennoch an Krebs zu erkranken.

Das ist selbst für einen Nicht-Phobiker eine ziemlich beängstigende Nachricht.

Und dann wurde in den amerikanischen Nachrichten gemeldet, der Präsident der Vereinigten Staaten habe Darmkrebs. Eine Meldung, die von angesehenen Fachärzten immer wieder diskutiert, analysiert und hinterfragt wurde.

Einerseits waren die Meldungen zu diesem Thema positiv. Der behandelnde Arzt von Präsident Ronald Reagan berief eine Pressekonferenz ein und gab bekannt, der Präsident habe ›ausgezeichnete‹ Chancen für eine normale Lebenserwartung.

Dieser Meldung folgte jedoch das Eingeständnis laut *New York Times,* daß »dennoch eine statistisch große Möglichkeit besteht, daß der Krebs jederzeit wieder zum Ausbruch kommt«.

Eine solche Nachricht verwirrt selbst einen nicht-phobischen Leser, der bestrebt ist, das Gute, nicht das Schlechte zu glauben. Auch für ihn ist es schwer faßbar, daß ein gesunder, kräftiger Mann, der ein maßvolles Leben führt, keine Möglichkeit hat, zu verhindern, daß bösartige Zellwucherungen an anderer Stelle seines Körpers auftreten — egal wie gesund er sonst auch sein mag und wie sehr seine medizinischen Berater sich um ihn bemühen.

Es handelte sich immerhin um den Präsidenten der Vereinigten Staaten. Das Thema Krebs beherrscht die Schlagzeilen unserer Zeitungen und so wird es auch bleiben.

Krebsphobie ist eine weitverbreitete Antwort auf oft widersprüchliche Aussagen zu dieser Krankheit. Einerseits veröffentlicht die Gesundheitsbehörde eine Broschüre, wonach »die Fälle tödlicher Krebserkrankungen laufend abnehmen«.

Andererseits fragen sich die Menschen: »Wenn nicht einmal der Präsident davon verschont bleibt, wie soll ich davon verschont werden?«

Wenn Sie zu diesen Menschen gehören, die mit Krebs in Berührung kamen, weil jemand, den Sie lieben oder kennen, daran gestorben ist oder darunter leidet, sind Sie vielleicht wirklich ein Kandidat für Krebsphobie.

Aber Ihre Angst ist wahrscheinlich unbegründet. Sie

haben vermutlich die richtigen Gene, nicht die falschen. Vielleicht hilft es Ihnen, daß Sie die entsprechenden Vorsorgemaßnahmen treffen. Wenn Sie dennoch Krebsangst haben, die Ihnen Gänsehaut verschafft, die nur Phobiker kennen, handelt es sich bei Ihrer Störung vielleicht um Krebsphobie.

Kein Grund zur Verzweiflung. Krebsphobie ist leichter heilbar als Krebs. Ihre Ängste sind wahrscheinlich grundlos. Damit sei nicht gesagt, daß Sie gegen die Gefahr, an Krebs zu erkranken, immun sind. In gewissem Maße sind wir alle dieser Gefahr ausgesetzt.

Es gibt Maßnahmen, die Sie treffen können, um diese Gefahr herabzusetzen. Ihr Arzt kann Ihnen darüber Aufschluß geben. Lassen Sie sich von ihm beraten, welche Schritte Sie unternehmen können, um ein Krebsrisiko zu verringern. Dadurch erlangen Sie vielleicht wieder Kontrolle über Ihre übersteigerte Angst und deren irrationale Ausweitung bis zu einem Grad, die Sie zum hilflosen Opfer macht.

Ihre Fähigkeit, diesen Rat zu befolgen, hängt von Ihrer persönlichen Phobie-Empfänglichkeit ab. Wie stark ist Ihre Anfälligkeit für Phobien? Haben Sie eine Neigung zu phobischen Reaktionen? Gehören Sie zu der Sorte Pessimisten, die auf diese oder jene Weise dafür anfällig sind, Phobiker zu werden?

Hier eine Checkliste, die Ihnen die Antworten auf diese Fragen leichter macht.

Wie hoch ist Ihr P. Q. (Phobiequotient)?

Selbst wenn Sie wissen, daß Sie für gewisse Dinge phobieanfällig sind, kann dieser kleine Eigentest dazu beitragen, Aspekte Ihrer Denkfixierung zu beleuchten, die phobische Reaktionen hervorrufen.

Beantworten Sie die folgenden Fragen mit *Ja* oder *Nein*.

Überlegen Sie genau, um eine klare Antwort geben zu können. Seien Sie nicht unschlüssig und überspringen Sie keine Frage. Es gelten nur Antworten mit *Ja* oder *Nein*.

1. Kommen Sie sich manchmal vor wie ein Schwindler?
2. Machen Sie sich Gedanken, ob Sie das ›Falsche‹ sagen?
3. Prüfen Sie noch mal nach, ob Sie eine Tür wirklich abgeschlossen haben?
4. Haben Sie vor einer wichtigen Besprechung Harndrang?
5. Haben Ihre Eltern sich um Sie Sorgen gemacht, als Sie noch ein Kind waren?
6. Klopfen Sie auf Holz, damit alles gut läuft?
7. Sind Sie ein Pedant und legen großen Wert auf Sauberkeit?
8. Haben Sie unausgesprochene Gefühle, schuldbeladen zu sein?
9. Sind Sie je ohne ersichtlichen Grund in Panik geraten?
10. Scheuen Sie sich, Dinge zu tun, die Ihnen Angst einjagen?
11. Würden Sie lieber einen Bogen um eine Leiter machen, als unter ihr hindurchzugehen?
12. Empfinden Sie unerklärliches Unbehagen bei sexueller Aktivität?
13. Ist es Ihnen unangenehm, im Beisein anderer Winde abgehen zu lassen?
14. Waren Sie je in einer wirklich beängstigenden Situation?

15. Versuchen Sie, einer Sache oder einem Menschen aus dem Weg zu gehen?

16. Hat Ihr Lebenspartner oder ein Elternteil je Enttäuschung über Sie zum Ausdruck gebracht?

17. Erstarren Sie oder ist Ihnen die Kehle zugeschnürt, wenn Sie in Verlegenheit gebracht werden, etwa in der Schule oder am Arbeitsplatz?

18. Sind Sie ein launenhafter Mensch?

19. Haben Sie eine enge Beziehung zu einem phobischen Menschen?

20. Machen Sie sich große Sorgen über das Alter, über Krankheiten, einen Unfall zu haben oder mittellos zu sein?

Addieren Sie die *Jas* zu diesen Fragen. Dividieren Sie die Summe durch 20 (Anzahl der Fragen) und erhalten so Ihren Phobiequotienten. Wenn Sie beispielsweise zehnmal mit Ja geantwortet haben, dividieren Sie 10 durch 20 und erhalten einen Phobiequotienten von 50 Prozent.

Je niedriger Ihr P. Q., desto weniger phobieanfällig sind Sie. Mit 25 Prozent erzielen Sie ein gutes Ergebnis, mehr als 75 Prozent wäre kein gutes Ergebnis.

Stehen Sie zwischen 25 Prozent und 75 Prozent, haben Ihre Ängste ein Maß erreicht, das — wenn es nicht schon der Fall ist — unter gegebenen Umständen, etwa einem sehr traumatischen Ereignis, eine Phobie auslösen kann.

Zu welchem Ergebnis Sie auch kommen, es wird hilfreich für Sie sein, Ihren *Ja*-Antworten eingehende Aufmerksamkeit zu schenken. Die Antworten sind aufschlußreich, sagen etwas über Sie aus, über Ihre wahre Persönlichkeit, wer Sie wirklich sind, und die Art, wie Sie auf Ihre Umgebung reagieren.

Es ist sehr wichtig, über sich selbst Bescheid zu wissen,

die eigenen Stärken und Schwächen zu kennen. Je früher, desto besser.

Denn Phobien sind keineswegs starr, wie das nächste Kapitel deutlich macht.

Wo ihre Wurzeln auch liegen mögen, das Fortschreiten einer Phobie ist unausweichlich...

4. Kapitel

Bevor etwas besser wird, wird es schlimmer

Phobien werden nur äußerst selten bereits im Keim erstickt. Wenn Sie einmal Wurzel gefaßt haben, wachsen sie wie Unkraut.

Wieso?

Zunächst deshalb, weil einer Phobie im Frühstadium kaum Beachtung geschenkt wird. Die anfängliche Wirkung ist vielleicht minimal. Man muß ja nur dem aus dem Weg gehen, wovor man sich fürchtet. Ist dies ohne größere Schwierigkeiten oder Unannehmlichkeiten möglich, werden Sie Ihr Problem auf diese Weise lösen.

Manches läßt sich auf diese Weise beheben. Wenn Sie aus irgendeinem Grund Angst vor Pyramiden haben, ist es nicht besonders schwierig, sie zu meiden. Sie besuchen keine Museen und fahren im Urlaub nicht nach Ägypten.

Die meisten Dinge lassen sich jedoch nicht so leicht vermeiden. Nehmen wir *Ailurophobie,* die Angst vor Katzen. Hier ist das Vermeiden oft weit schwieriger. Nicht nur, weil Sie vermutlich darauf gefaßt sind, daß Ihnen ständig eine Katze über den Weg läuft, Sie werden auch beim Anblick eines Katzenbildes in einer Illustrierten oder eines TV-Werbespots für Katzenfutter vor Schreck zusammenzucken. Und wenn Sie durch ein lautes Miau erschrecken, geraten Sie an den Rand einer Panik.

Je öfter Sie in welcher Form auch immer Katzen begegnen, desto heftiger wird Ihre phobische Reaktion. Jede Begegnung belastet Ihren Körper und Ihre Seele. Negative Hormone werden ausgeschüttet, die Ihr ganzes Nervensystem durcheinanderbringen. Über eine bestimmte Zeitdauer können solche chemischen Reaktionen den Grad Ihrer Phobie stark anheben und einen Funken zu einem Großfeuer entfachen.

Dr. Mary F. Asterita, Dozentin für Physiologie und Pharmakologie an der medizinischen Fakultät der Universität von Indiana erläutert: »Wenn eine Streßreaktion viele Male erlebt und dadurch zur chronischen Erscheinung wird, können die hormonellen Veränderungen dem Körper auf vielfache Weise Schaden zufügen.«

Es ist also ausgesprochen unklug, eine Phobie, die noch in den Kinderschuhen steckt, unbeachtet zu lassen. Wenn Sie so lange warten, bis Ihre Phobie sich deutlich artikuliert, um Aufmerksamkeit auf sich zu lenken, führt sie bereits ein Eigenleben. Sie weitet sich aus und wirkt in zunehmendem Maß lähmend. Das Abwarten verläuft stets zugunsten der Phobie.

Haben Sie sich schon einmal Gedanken darüber gemacht, wie viele Zähne verfaulten, weil Menschen mit Zahnschmerzen Angst haben, zum Zahnarzt zu gehen?

Gemäß Dr. Edwin D. Joy, Leiter der Kieferorthopädischen Universitätsklinik von Georgia, leben in den USA 12 Millionen Menschen, die unter phobischer Angst vor Zahnärzten leiden. Gottlob gelingt es den meisten von ihnen jedoch, trotz ihrer Angst einen Zahnarzt aufzusuchen.

»Manche Menschen«, sagt Dr. Joy, »schaffen es jedoch nicht, sich einer Zahnbehandlung zu unterziehen, da ihre Angst absolut lähmend wirkt.

Auch wenn es gelingt, die Betroffenen in die Praxis des Zahnarztes zu bringen, löst der medizinische Geruch eine Panikreaktion bei ihnen aus. Das leiseste Bohrgeräusch läßt sie am ganzen Körper zittern. Beim Betreten des Wartezimmers bereits am Rande der Hyperventilation, kann sie der Anblick des Zahnarztes, der sich mit einer Spritze nähert, zum Durchdrehen bringen, bedeutet das für sie das Ende.

Und sie haben nicht den leisesten Schmerz verspürt. Der Zahnarzt hat sie nicht berührt, sie nicht einmal aufgefordert, den Mund zu öffnen. Allein der Gedanke, die Erwartung, löst den Anfall phobischer Angst aus.«

Männer, so sagt er, verhalten sich phobischer als Frauen, denn Frauen gestehen, im Gegensatz zu Männern, eher ein, eine niedrige Schmerzschwelle zu haben. Männer behalten ihre Angst für sich, die sich immer mehr aufstaut, bis ein Punkt erreicht ist, an dem sie die Selbstkontrolle verlieren.

Die Angst ist so stark, daß auch Bezahlung durch Dritte – also kostenlose Zahnbehandlung – nichts daran ändert. Phobiker schaffen es einfach nicht, darauf zu vertrauen, daß moderne Zahnbehandlung nahezu schmerzfrei sein kann.

In einer Spezialklinik für Zahnarztphobiker im Mount Sinai Hospital, N. Y., macht Dr. Theodore Goldstein Füllungen ohne Bohren mit der neuartigen Chemikalie ›Caridex‹, die kariöse Stellen zersetzt. Damit kann die Angst vor dem Zahnbohrer ausgeschaltet werden, nicht unbedingt aber die Angst vor dem Zahnarzt.

»Zahnarztphobie ist eine der hartnäckigsten Phobien«, sagt Dr. Joy, »da der Mund ein psychologisch so brisanter Bereich ist. Wir atmen durch den Mund, wir nehmen Nahrung durch den Mund auf, und vom Tag unserer Geburt an ist der Mund der Bereich, über den wir liebevolle Wärme und Zuwendung unserer Mutter erhielten. Über unseren Mund bringen wir Emotionen zum Ausdruck und verschaffen und erhalten sexuelle Befriedigung.

Die Vorstellung, daß ein Zahnarzt sich mit seinen Fingern in diesem Intimbereich zu schaffen macht, ruft starke Angstgefühle hervor. Verbunden mit einer übersteigerten Angst vor Schmerz, ergibt das einen sehr hartnäckigen Phobie-Patienten.«

Und führt schließlich zu Zahnverfall oder Zahnfleischbluten und dem echten Schmerz, sich weit radikalerer

Zahnbehandlung unterziehen zu müssen, um gesund zu bleiben und auszusehen.

Geben Sie Ihrer Phobie die Schuld daran, die zu mächtig geworden ist!

Nun wollen wir uns einer völlig andersgearteten Phobie zuwenden, die außer Kontrolle geriet und rasch anstieg. Es fing ganz harmlos in einem Kaufhaus an, als Mrs. McKay ihre Fassung verlor...

Sie konnte ihren Wagen im Parkhaus nicht finden

»Es war nicht zum ersten Mal, daß ich vergaß, wo ich den verdammten Wagen abgestellt hatte«, sagt sie, »doch immer fand ich ihn rasch wieder. Diesmal war es anders.

Es war ein riesiges Parkhaus auf drei Ebenen. Ich hatte stundenlang in allen drei Stockwerken des Warenhauses eingekauft und völlig die Übersicht verloren.

Dazu kam, daß mein Wagen ziemlich klein war. Und überall parkten so viele große Wagen, mir war, als suche ich eine Stecknadel im Heuhaufen.«

Was geschah?

»Ich suchte jedes Stockwerk nach meinem Wagen ab — ohne Erfolg; und verlor völlig die Orientierung. Mein Herz begann rasend schnell zu klopfen. Ich schleppte viele Pakete und Tüten, bis meine Arme die Last nicht mehr tragen konnten. Ich mußte sie irgendwie loswerden.

Ich fühlte mich total geschwächt. Meine Beine waren wie Gummi. Ich hatte Angst, umzukippen oder auf der Stelle tot umzufallen. Die Sache war mir entsetzlich peinlich!«

Sie glaubte, tot umzufallen und es war ihr peinlich? Klingt unlogisch, nicht so für einen Phobiker, der einen Panikanfall hat. Entsetzen und das Gefühl der Demütigung gehen in solchen Augenblicken oft Hand in Hand.

Mrs. McKay mußte nicht sterben, sie fiel auch nicht in

Ohnmacht. Ein Sicherheitsbeamter bemerkte, daß sie in einem offenbaren Zustand der Panik war und kam ihr zu Hilfe. Er nahm ihr die Pakete ab und half ihr bei der Suche nach ihrem Wagen, was nicht lange dauerte. Als sie sich einigermaßen erholt hatte und versicherte, in der Lage zu sein nach Hause zu fahren, riet er ihr zur Vorsicht und ließ sie fahren.

Dieser Vorfall markierte nur den Anfang, nicht das Ende von Mrs. McKays phobischer Leidensgeschichte. Die Angst, wieder in Panik zu geraten, blieb bestehen.

»Das war das letzte Mal, daß ich alleine ein Warenhaus betreten habe. Ich konnte nur Autofahren, wenn wenigstens eine Freundin mich begleitete und wir notierten uns genau, wo wir den Wagen geparkt hatten. Doch selbst dann wurde ich jedesmal nervös, wenn es daran ging, den Wagen zu suchen.«

Obwohl sie nicht allein war und sich aufgeschrieben hatte, wo der Wagen stand.

»Ich weiß, das ergibt keinen Sinn«, sagt sie, »Aber wenn Sie solche Angst haben, wie ich sie hatte, können Sie nicht mehr logisch denken. Ich meine, es hängt alles davon ab, wie man die Dinge betrachtet. Ich war nicht fähig, sie klar zu sehen. Ich konnte nicht vernünftig denken. So behütet ich war, ich fühlte mich unsicher.«

Mrs. McKay konnte keine Warenhäuser mehr aufsuchen. Ihre Angst in Warenhäusern einzukaufen, war zu groß, auch in Begleitung, ob in ihrem Wagen oder im Wagen einer anderen Person. Kaufhäuser waren zu Orten des Schreckens geworden.

»Ich versuchte mir einzureden, daß das, was geschehen war, sich nicht wiederholen würde«, sagt sie, »doch je näher wir dem Warenhaus kamen, desto deutlicher spürte ich: ›Gleich werde ich nervös, wir sind fast da!‹

Und eines Tages kam der Punkt, an dem meine Angst, in Panik zu geraten, so stark war, daß ich vollkommen die Kontrolle über mich verlor und meine Freundin bat, umzukehren und mich nach Hause zu bringen, mir sei übel, sagte ich.«

Die Ausrede der Übelkeit war die erste von vielen Ausreden, die sie benutzte, um sich davor zu drücken, etwas zu tun oder irgendwohin zu gehen. Es war eine legitime Ausrede. Dennoch war es ein Vorwand.

»Ich konnte nirgendwohin gehen, weil ich nirgendwohin wollte«, sagt sie. »Ich ließ das Autofahren völlig, da ich Angst hatte, irgendwo zu parken, selbst in meiner eigenen Einfahrt!«

Ihr Mann war besorgt um sie, wurde jedoch in zunehmendem Maß ungeduldig über ihr Widerstreben, das Haus zu verlassen.

»Eine Weile«, sagt sie, »war es mir möglich, mit ihm zu Parties zu gehen, wenn er sich ans Steuer setzte. Und ich konnte im Bus fahren, wenn es sein mußte, da ich ja nicht selbst Autofahren oder einparken mußte, und da waren viele andere Menschen um mich, und ich fühlte mich nicht allein. Ich konnte sogar gemeinsam mit meinem Mann ein Flugzeug besteigen und unsere Kinder besuchen, die tausend Meilen entfernt leben; damals war eines der Kinder krank. Mein Mann mußte die Blende vor die Luke schieben, damit ich nicht hinaussehen konnte. Da ich nicht wußte, wo ich war, hatte ich vermutlich auch keine Angst.«

Ein weiteres Schulbeispiel für phobische ›Logik‹.

Sie ahnen vermutlich, daß Mrs. McKay auf dem Wege war, Platzangst zu entwickeln. Und sie war viele phobische Meilen gereist, um dem dreistöckigen Parkhaus des Warenhauses zu entfliehen, einem Ziel entgegen, dem sie nie wieder entrinnen konnte. Unter keinen Umständen. Sie blieb zu Hause, da sie sich nur dort in Sicherheit fühlte.

Mrs. McKays Geschichte hat ein Happy-End. Sie wurde von ihrer Platzangst geheilt, da ihr Ehemann, nachdem die Dinge einen Punkt erreicht hatten, an dem die Ehe zu scheitern drohte, von Hilfsprogrammen erfuhr.

Rückblickend fällt es schwer zu glauben, daß eine scheinbar harmlose Unsicherheit sich so verhärten und zu einem solchen Ausmaß anwachsen kann.

Der Anstoß für Mrs. McKays Entschluß, ihren Wagen aufzugeben, entstand nicht aus Angst vor dem Autofahren, sondern aus Angst, in Panik zu geraten, weil sie möglicherweise vergessen konnte, wo sie ihn geparkt hatte.

Autofahrphobie

Hier scheint es sich um eine weiter verbreitete Störung zu handeln, als selbst Phobiespezialisten bis vor kurzem vermuteten. In einem Bericht des *American Journal of Psychiatry* erörtern die Ärzte Dr. Juan Roman De La Fuente und Dr. Carlos Berlanga Cisneros aus Mexico City: »Autofahrphobie scheint als wachsende psychiatrische Störung im Großstadtbereich aufzutreten.«

Die Ursache?

Stehender Großstadtverkehr. Es bleibt nichts anderes übrig, als Stoßstange an Stoßstange zu warten, bis es im Schneckentempo wieder ein paar Meter vorwärts geht. Wenn Sie Tag für Tag mit stetigem Streßaufbau einer solchen Situation ausgesetzt sind, kann es zu Panikreaktionen kommen oder zu Symptomen, die einer Panikreaktion ähneln.

»Wir haben eine Reihe von Patienten ohne Vorgeschichte phobischer Reaktionen oder anderweitiger signifikanter psychopathologischer Reaktionen kennengelernt«, führen die Ärzte aus, »die nach einem oder mehreren solcher Erlebnisse im Verkehrsstau Fahrphobien entwickelten.«

Nachdem sie zwischen zwanzig Minuten und mehreren Stunden im Stau steckten, begannen sie starke phobische Symptome zu erleben, wie Schwitzen, Herzflattern und Angst, die Kontrolle aufgrund einer gefährlichen Mischung aus Wut und Ohnmacht zu verlieren.

»Einer unserer Patienten«, sagten die Ärzte, »mußte in eine Kleinstadt ziehen, da er in der Großstadt nicht mehr leben konnte.«

Das ist eine Form, das Problem zu bewältigen, bevor es Sie überwältigt. Doch nicht jeder kann ohne weiteres mit Sack und Pack in eine Kleinstadt ziehen.

Es ist ein offenes Geheimnis, daß viele Autofahrer ihren Angststau über die Fahrphobie so lange unterdrücken, bis sie zu Hause sind und sich dort Erleichterung verschaffen – indem sie sich einen doppelten Whisky oder einen trockenen Martini mixen.

Wenn sie das häufig genug tun, können sie aufhören, sich Sorgen um ihre Phobie zu machen, und anfangen, sich Sorgen um ihren Alkoholismus zu machen.

Statt sich dem Alkohol zuzuwenden, wäre es klüger, den Wagen in die Inspektion zu bringen, um einer phobischen Reaktion vorzubauen. Sorgen Sie dafür, daß Autofahren, ob im Stau oder nicht, angenehmer wird; prüfen Sie, ob der Motor sauber und ruhig läuft, ob das Kühlsystem zufriedenstellend funktioniert, um sicherzugehen, daß der Motor sich im Stau nicht überhitzt. Überprüfen Sie auch den Komfort des Innenraums; sind Sitz und Sicherheitsgurte richtig eingestellt, ist das Radio in Ordnung?

Viele Ärzte stellen mit zunehmender Urbanisation ein Ansteigen der Fahrphobie fest. Die Straßen der Innenstädte sind meist verstopft, die Zufahrtstraßen zu den Großstädten sind in zunehmendem Maße mit Pendlern überfüllt.

Eine Untersuchung über Autofahrangst in Houston, Texas, veranschaulichte die Auswirkungen schwieriger Fahrsituationen im Verkehrsstau und auf Autobahnen.

Dr. Roy J. Mathew, Psychiater an der Vanderbilt School of Medicine in Nashville, Tennessee, leitete ein Expertenteam seiner Universität, sowie ein Team des Texas Research Institute of Mental Sciences in Houston, die eine Studie durchführten, nachdem die Ärzte festgestellt hatten, daß Patienten immer häufiger Kliniktermine nicht einhielten. Welchen Grund gaben sie an?

Sie hatten Angst, mit dem Wagen in die Klinik zu fahren!

Nachdem eine große Tageszeitung die Meldung veröffentlichte, begannen in der Klinik die Telefone heißzulaufen mit Anrufen von Leuten, die unter Angst vor dem Autofahren litten. Die für die Studie ausgewählten Versuchspersonen gaben an, sich unter normalen Bedingungen im Stadtverkehr am Steuer ihres Wagens unsicher zu fühlen, hielten ihre Angst jedoch für unbegründet und übertrieben und fürchteten, diese Störung habe ihr Leben ernsthaft beeinträchtigt.

Und welches Ergebnis brachte die Untersuchung für die daran beteiligten Männer und Frauen?

Es stellte sich heraus, daß die Autofahrangst nur dann phobisches Ausmaß annahm, wenn die Autofahrer im Verkehr steckenblieben oder sie auf der Autobahn von panischer Angst überfallen wurden. Doch auch dann hielten die Versuchspersonen ihre Angst für »unverhältnismäßig stark, gemessen an den Anforderungen der Situation, ohne daß ihre Ängste vernünftigen Erklärungen zugänglich gewesen wären«.

Welche Schlüsse zogen die Ärzte daraus?

»Die Angst vor dem Autofahren war bewußter Kontrolle entzogen und brachte die Betroffenen dazu, der angsterzeugenden Situation aus dem Weg zu gehen«, heißt es in dem Bericht.

Die Wissenschaftler zogen daraus den Schluß, daß solche Reaktionen zu Recht als Phobien zu bezeichnen waren und schilderten sie vorsichtig als »spezielle Form der Angst, die in keinem Verhältnis zu den Anforderungen der Situation steht, die weder durch Vernunftgründe noch Erklärungen zu beseitigen ist, da sie sich außerhalb der Willenskontrolle befindet und zu Vermeidungsverhalten der Angstsituation führt«.

Konnten die Betroffenen es nicht vermeiden, sich ans Steuer ihres Wagens zu setzen, versuchten sie ihren Angstpegel herabzusetzen, indem sie laute Musik hörten, laut sangen, rauchten, Entspannungsübungen machten oder eine Beruhigungspille schluckten (eine höchst gefährliche Strategie).

In einem späteren Kapitel befassen wir uns mit diesen und vielen anderen Formen der Bewältigungsstrategien einer Reihe von Phobien. Ohne einige Tricks im Ärmel, um mit einer Phobie oder einer gefürchteten Panikattacke fertig zu werden, spitzen sich die Dinge mit Sicherheit zu.

Entweder Sie schaffen es, Ihre Phobie in den Griff zu bekommen, oder die Phobie bekommt Sie in den Griff. Vielleicht bringt die Störung Sie nur vorübergehend aus dem Gleichgewicht, vielleicht aber auch ein ganzes Leben. Und das kann früh beginnen, sehr früh...

Kindheitsphobie

Früher wurde den Kindern mit dem ›Schwarzen Mann‹ gedroht, wenn sie nicht brav waren. Eltern, Großeltern, Onkel, Tanten, Geschwister und sogar manche Lehrer riefen mit dieser erzieherischen Maßnahme beim Kind Angst vor dem Schwarzen Mann hervor.

Dieses Denken wurde gottlob abgelegt und keiner trauert ihm nach. Kleine Jungen und Mädchen haben auch in heutiger Zeit noch genügend Grund, sich zu fürchten, selbst ohne Schreckgestalten, die es gar nicht gibt.

Besonders im Alter zwischen zwei und vier haben viele Kinder große Angst vor der Dunkelheit. Manche wollen ohne ein kleines Nachtlicht nicht einschlafen, das ihnen die Angst vertreibt. Und sehr nervöse Kinder werden nachts durch Alpträume geweckt.

Diese und andere Kindheitsängste, etwa Angst vor Donner, Blitz, oder vor schaurigen TV-Zeichentrickfilmen, wachsen sich selten zu richtigen Phobien aus. Eine Weile mögen sich solche Zustände verschlimmern, sie verschwinden jedoch bald zusammen mit anderen Kindheitserinnerungen.

Problematischer erweist sich langfristig die Angst vor Tieren, ein Sammelbegriff, der Hunde, Vögel, Insekten und jede andere Tierart erfassen kann. Solche Ängste können von den Eltern auf das Kind übertragen werden. Eine Mutter, die eine ausgeprägt phobische Angst vor Mäusen hat, kann ihrem sensiblen Kind eine unterschwellige Botschaft zukommen und in ihm die gleiche Angst entstehen lassen.

Die Angst kann aber auch durch ein prägendes, negatives Erlebnis mit einem Tier direkt ausgelöst werden — etwa einen Hundebiß — das eine Art emotionale Narbe im Nervensystem des Kindes hinterläßt. Kein geringerer als Sigmund Freud schrieb, daß Kindheitsphobien bereits durch ›Bilderbücher und Märchen‹ entstehen können. Heute würde er mit Sicherheit Fernsehsendungen an erster Stelle nennen.

Tierphobie bei Kindern ist deshalb so einmalig, da sie mit der Kindheit zu verschwinden scheint, wobei sie jedoch latent bestehen bleiben kann, um viele Jahre später im Erwachsenenleben erneut auszubrechen. Dr. Robert L. DuPont führt in einem Artikel in *The Journal of Pediatrics* aus: »Nur Tierphobien bei Erwachsenen sind typischerweise ein Rest von Kindheitsphobien«, und fügt erläuternd hinzu, »Tierphobien entstehen nie nach der Kindheit«.

So kann der Nachtfalter, vor dem Sie sich heute fürchten, auf eine Raupe zurückgehen, die Sie aus irgendeinem Grund in der Kindheit erschreckt hat.

Zwischen einer Tierphobie in der Kindheit und einer höchst sonderbaren, doch sehr schädlichen Phobie, die sich bei älteren Menschen einstellt, ist zwar nicht mit absoluter Sicherheit eine Verbindung herzustellen, dahingehende Mutmaßungen sind jedoch nicht völlig von der Hand zu weisen.

Bei besagter Phobie handelt es sich um *Akarophobie,* Krätzephobie, die krankhafte Furcht vor Parasiten, Insekten oder Milben. Dermatologen treffen dieses Phänomen immer häufiger an.

»Zu mir kommen viele Patienten beiderlei Geschlechts, meist ältere Leute, die unter dieser Phobie leiden«, sagt Dr. Joseph A. Penner, ein berühmter New Yorker Dermatologe.

»Sie sind von der Wahnidee befallen, von Insekten zerfressen zu werden, obgleich eine solche Angst völlig unbegründet ist«, sagt er.

»Sie bringen mir Hautschuppen, Schorf von Kratzwunden, sogar Kleiderstaub und versuchen damit zu beweisen, daß ihre Angst vor Milben- oder Insektenbefall echt ist.

Ich untersuche die Betreffenden genau, erkläre ihnen geduldig die Fakten, doch sie lassen sich von ihrer Überzeugung nicht abbringen. Und so gehen sie von einem Spezialisten zum nächsten in der Hoffnung, auf einen zu treffen, der sie in ihrer Wahnidee bestätigt. Diese Leute sind nicht verrückt, sie sind phobisch.«

Heilung kann ihnen natürlich kein Dermatologe bringen, sondern Phobiespezialisten oder auch Selbsthilfetechniken, wie wir später sehen werden.

Kindheitsphobien werden am sinnvollsten behandelt, indem man den Kindern die Freiheit läßt, ihre Ängste offen auszudrücken und sie weder auslacht noch bestraft.

Dr. DuPont betont: »Es ist stets anzuraten, dem Kind zu helfen, sich umgehend in die angsterzeugende Situation zurückzubegeben, statt sein Vermeidungsverhalten fortzusetzen«, denn sich einer Gefahr zu stellen »ist erfahrungsgemäß weniger belastend als die Erwartungshaltung«, sich dem Objekt seiner Angst auszusetzen.

Fällt beispielsweise ein Kind vom Fahrrad, sollte es dazu ermutigt werden, sich gleich wieder in den Sattel zu setzen. Dieses simple Rezept kann eine Phobie im Keim ersticken.

Bei einem Kind, das eine Schulphobie entwickelt, läßt sich der gleiche Ansatz anwenden. Das kann den Unterschied zwischen der Entwicklung einer lähmenden Phobie und dem Heranwachsen des Kindes zu einem gesunden Erwachsenen ausmachen.

Die meisten Psychiater sind sich darin einig, daß Schulphobie aus der Angst des Kindes entsteht, von den Eltern getrennt zu sein. Es muß darin bestärkt werden, daß weder den Eltern noch ihm etwas zustößt, solange es in der Schule ist.

»Geben Sie Ihrem Kind zu verstehen, daß Sie Verständnis für seine Gefühle haben, es aber dennoch in die Schule gehen muß«, rät Dr. Rachel Gittelman, Professorin für Klinische Psychologie an der Columbia Universität.

»Ermutigen Sie Ihr Kind, es noch mal zu versuchen. Und wenn Sie es beschwichtigen konnten, reden Sie nicht mehr viel davon. Dadurch würde das Kind sich nur unterlegen fühlen.«

Es gibt Situationen und Umstände, die einen Erwachsenen unberührt lassen, die sich aber auf ein kleines, sensibles Kind sehr schädlich auswirken.

Krankheit in der Familie

Lucille war etwa vier Jahre alt, als ihre Mutter Lungenentzündung bekam. Die Kleine hörte das Husten der Mutter und das Tuscheln der Erwachsenen, daß die Kranke Blut gespuckt habe. Eines Nachts spähte Lucille in das Krankenzimmer und sah die Mutter mit einem Zelt über dem Kopf im Bett liegen; das Kind begriff natürlich nicht, daß der Kranken mit Sauerstoffzufuhr das Atmen erleichtert wurde.

»Voller Angst lief ich zurück in mein Bett und zog die

Decke über den Kopf«, sagt sie. »Ich habe weder meinem Vater noch einem anderen erzählt, was ich gesehen hatte und wie groß meine Angst war. Ich versuchte mir einzureden, daß es nur ein böser Traum war.«

Doch das war reines Wunschdenken. Es war kein Traum. Es war real. Was nicht real war, war ihre Angstwahrnehmung.

»Ich wußte wirklich nicht, was mit meiner Mutter geschah«, sagt sie. »Ich wußte nur, daß etwas nicht in Ordnung war. Und davor hatte ich wohl Angst.«

Ganz recht. Dadurch wurde Lucilles Phobie in ihr junges Gemüt eingepflanzt. Später wurde sie immer wieder verstärkt durch die Tatsache, wie sie sich erinnert, »daß meine Mutter ständig krank war. Und ich war kein Kind, das anderen seine Gefühle mitteilte oder weinte oder sich auf irgendeine andere Art öffnete. Ich behielt alles für mich. Ich weiß nicht, wieso, aber so war ich eben.«

Als Lucille sieben Jahre alt war, mußte ihre Mutter ins Krankenhaus, um sich die Gebärmutter entfernen zu lassen. Lucille sagte man lediglich, ihre Mami sei krank und komme bald wieder nach Hause. Mit solchen Erklärungen glaubten Vater und Verwandte, das Kind zu beruhigen und zu trösten.

Die Erwachsenen begriffen nicht, daß die plötzliche Abwesenheit der Mutter und ihre ständigen Krankheiten sich bei einem verschlossenen, hypersensiblen kleinen Mädchen zu einem Stau nervöser Ängste ansammelten.

Die Erwachsenen verschlimmerten die Sache nur noch, als sie Lucille ins Krankenhaus schmuggelten, um ihrer Mutter ›guten Tag‹ zu sagen, im Glauben, ein solcher Besuch würde die Kleine beruhigen. Vorherzusehen, daß damit genau das Gegenteil erreicht wurde.

»Sie lag da wie eine Tote«, sagt Lucille. »Daran erinnere ich mich ganz deutlich. Ich sah sie im Bett in diesem weißen Zimmer und im Bett daneben lag eine andere Frau. Um das andere Bett standen Leute, die weinten. Ich wollte meine Mutter umarmen, doch dann verlor ich das Bewußtsein!«

Sie verlor tatsächlich das Bewußtsein, so erinnert sie sich zumindest. Vielleicht glaubte sie es nur, weil ein Panikanfall — und darum handelte es sich — tatsächlich bis an den Rand einer Ohnmacht führen kann.

Für eine Siebenjährige mit einer deutlich phobischen Vorgeschichte reichten die Menschen, Geräusche und Gerüche im Krankenhaus, um sie davon zu überzeugen, tatsächlich in Ohnmacht gefallen zu sein.

Lucilles Mutter wurde wieder gesund. Nicht so Lucille. Ihre phobische Angst festigte sich. Von diesem traumatischen Augenblick an war es ihr nicht mehr möglich, ein Krankenhaus zu betreten.

»Alles, was mit Krankenhaus zusammenhängt, verschaffte mir Herzklopfen, Schwäche und das Gefühl, überzuschnappen«, sagt sie. »Schon der Anblick des nüchternen Gebäudes, der antiseptische Geruch in den Korridoren, die Rollstühle, die Tragbahren, die Krankenschwestern, die ganze Atmosphäre. Einmal nahm ich mir vor, eine gute Freundin im Krankenhaus zu besuchen. Ich sagte mir: ›Du hast es früher getan, du kannst es wieder tun.‹ Aber es ging nicht. Ich schaffte es einfach nicht.«

Je älter Lucille wurde, desto stärker wurde ihre Angst vor Krankheit. Im Rückblick auf ihre Kindheit sagt sie:»Es scheint mir verständlich, daß ich als kleines Kind Angst hatte, meine Mutter so krank zu sehen, und mir Sorgen zu machen, daß sie sterben müsse. Noch schlimmer, daß ich nichts tun konnte, um ihr Sterben zu verhindern. Eigentlich verständlich, daß ich das glaubte.«

Doch wie wir bereits feststellten, sind die Wurzeln dieser Angst nicht in der Realität, sondern in der Realitätswahrnehmung des Kindes zu suchen. Für eine erwachsene Frau ist es keineswegs verständlich, daß sie übersteigerte Angst vor Ärzten und Krankenhäusern hat. Und Lucille weiß, daß ihre Ängste irrational sind, und ist dennoch nicht in der Lage, sie abzubauen.

Selbst als ihr eigener Ehemann krank wurde und wegen eines relativ geringfügigen Eingriffs ins Krankenhaus mußte, brachte sie es kaum über sich, ihn zu besuchen.

»Es war die Hölle für mich«, sagt sie, »aber ich zwang mich dazu. Das war ich ihm schuldig. Ich mußte es tun. Aber jeden Augenblick erwartete ich, umzukippen.«

Sie kippte nicht um. Und sie schaffte es, ihr erstes Kind im Krankenhaus zur Welt zu bringen. Es gibt wiederum Aufschluß über Denkvorgänge des Phobikers, wenn sie erklärt: »Ich konnte es tun, weil es sich um mich handelte, nicht um einen anderen Menschen. Ich ging ins Krankenhaus, um mein Kind zur Welt zu bringen.«

Ihre grundlose Angst vor Krankenhäusern verlor sie dadurch nicht. Genausowenig ihre Angst vor Ärzten. Oder ihre Angst vor Krankheit. Lucille leidet bis zum heutigen Tag unter all diesen Ängsten, am meisten unter *Karzinophobie,* Krebsangst.

Auf diese Phobie hat sie all ihre Ängste, Befürchtungen und ihr Grauen verlagert. Die in früher Kindheit entstandene Phobie hat sich verschoben und erweitert, womit klar wird, wie hartnäckig eine Kindheitsphobie sein kann.

Sie zwang sich aus Vernunftsgründen, die ihrem Selbsterhaltungstrieb entsprangen, zur Entbindung ihres Kindes ein Krankenhaus aufzusuchen. Das Gespenst des Krebses, mit dem wir uns bereits befaßt haben, wurde jedoch so etwas wie ein Magnet für ihre neuerworbene Hinwendung zur eigenen Person. Was konnte man auch anderes erwarten von einer Denkweise, die seit frühester Kindheit auf Verschlimmerung von Krankheitszuständen programmiert war.

Heute ist sie endlich dabei, ihre phobischen Ängste abzubauen. Wir werden uns in den folgenden Kapiteln mit einer Reihe von Techniken beschäftigen, derer sich alle Phobiker bedienen können.

Wenn es einen Bereich gibt, in dem die Grundangst sich verschärft, bevor — wenn überhaupt — eine Besserung eintritt, ist dies der sexuelle Bereich.

Dabei geht es um die Problematik Junge trifft Mädchen, Junge verliert Mädchen, Junge bekommt Mädchen und so weiter...

Junge kann nicht mit Mädchen

Es wäre sinnlos hier Statistiken anzuführen, da Statistiken sich ändern, wie die Zeit sich ändert. Und die Zeiten ändern sich wahrhaftig.

Manche selbsternannten Experten sagen, die junge Generation sei zu sexbetont. Andere selbsternannte Experten sagen, die junge Generation sei zu wenig an Sex interessiert, weil sie zu sehr damit beschäftigt sei, Geld zu machen statt Liebe; und außerdem sehe der moderne junge Mann in der emanzipierten jungen Frau eine Konkurrentin — auch in der Ehe.

Im letztgenannten Fall könnte die *Erotophobie,* die Angst vor Sexualität, eine Form der Kompensation für die tiefe Abneigung gegen das andere Geschlecht sein. Wer will schon mit der Konkurrenz ins Bett gehen?

Es müssen aber auch andere Überlegungen in Erwägung gezogen werden. Wie die Vorstellungen über Männlichkeit und Weiblichkeit auch aussehen mögen, meist ist der Mann auch heute noch der Geldbeschaffer. Das Problem entsteht, wenn er dazu nicht in der Lage ist.

Das Problem verstärkt sich außerdem durch das überhöhte Interesse der Medien an sexueller Leistung. Vergleicht er sich mit den Macho-Typen, die er im Kino, Fernsehen und in Illustrierten zu sehen bekommt, kann ein potenter Mann tatsächlich Minderwertigkeitsgefühle bekommen.

Es kommt zu Versagensangst; und Dr. Viktor E. Frankl,

der weltberühmte Psychotherapeut, schreibt in seinem Buch *The Unheard Cry for Meaning:* »Angst hat die Eigenschaft, genau das eintreffen zu lassen, was man befürchtet.«

Sexuelle Impotenz wächst zweifellos mit der Versagensangst. Dr. Frankl sagt: »Wenn Potenz und Orgasmus zum Ziel der Absicht gemacht werden, so sind sie gleichzeitig Ziel der Aufmerksamkeit.

Dem *Partner* wird Aufmerksamkeit *entzogen;* was immer der Partner an Reizen zu bieten hat, um den Patienten sexuell zu erregen, bleibt unbeachtet. Als Folge werden Potenz und Orgasmus verringert.«

Der Mann, nach vergeblichen Versuchen davon überzeugt, impotent zu sein, meidet Sex völlig. Und Dr. Frankl sagt: »Die Phobie setzt dann ein, wenn sich dieses krankheitsauslösende Vermeidungsmuster gefestigt hat.«

Es gibt eine Reihe von Techniken, um diese Form der Phobie zu behandeln und zu bewältigen, ob ihre Ursache in der Abneigung gegen den Partner liegt oder in dem jahrelang mit sich herumgetragenen Schuldgefühl, wonach Sex schmutzig und sündig ist.

Wir werden solche Techniken später eingehend diskutieren, da es sich um eine Phobie handelt, die, wenn nicht frühzeitig behandelt, wirklich zur Lawine werden kann. Sie wird *in jedem Fall* schlimmer, bevor sie besser wird.

Und in dem Maß, in dem der Druck auf beide Geschlechter steigt, um orgastische Lust und Häufigkeit zu steigern, wird die Phobie sich verstärken.

Aber auch eine einfache Phobie, eine die aus bloßem Aberglauben entsteht, kann zu einem lähmenden Zustand ausarten.

Und was ist das deutlichste Symbol des Aberglaubens?

Unbestritten die Zahl 13. Sehen wir uns an, wie es einem Menschen ergeht, der unter dieser Phobie leidet.

Triskaidekaphobie... Was ist das nun wieder?

Aberglaube an sich ist harmlos. Dennoch sollten Sie darauf achten, daß diese Schwäche sich nicht zur Phobie ausweitet.

Hier die kurze Geschichte eines Mannes, dessen Aberglaube sich auf die Zahl 13 verlegt hat. Ohne belegen zu können warum, ist er der festen Überzeugung, daß 13 eine Unglückszahl ist.

Die phobischen Ausmaße seiner Angst vor der Zahl 13 müssen andere Gründe haben, doch das wollen wir hier außer acht lassen; uns interessiert im Augenblick nicht, woher die Phobie kommt, sondern nur, wohin sie führt.

Und sie führte erschreckend weit und forderte einen hohen Preis. Dieser Mann *glaubt,* daß seine Angst vor der Zahl 13 begann, als er dreizehn Jahre alt wurde.

Das klingt lächerlich und ist es vermutlich auch. Eher denkbar ist die Tatsache, daß er in einer abergläubischen Familie aufwuchs, die sich jeder schwarzen Katze, jeder Leiter auf der Straße und jeder Begebenheit, die als ›Omen‹ gelten konnte, bewußt war.

Was immer es sein mochte, dieser Mann wurde durch seine Phobie wegen der Zahl 13 in kaum vorstellbarem Maße behindert.

Am 13. eines jeden Monats weigerte er sich, das Bett zu verlassen...

In jeder Zeitung, Illustrierten, in jedem Buch überblätterte er die Seite 13...

Er stieg nie im 13. Stockwerk eines Gebäudes aus dem Fahrstuhl, selbst wenn es ihn den Job gekostet hätte...

Er zog aus dem Staat Massachusetts in einen anderen Staat, als er feststellte, daß im Wort Massachusetts 13 Buchstaben enthalten sind...

Jede Rechnung, die sich auf 13 Cents oder 13 Dollar belief, erhöhte er um einen Penny oder einen Dollar...

Am 13. Hochzeitstag ließ er sich von seiner Frau scheiden und heiratete sie danach wieder; und sie hatte Verständnis dafür...

Die Liste könnte noch lange fortgesetzt werden. Im Lauf der Zeit führte ein Aberglaube zum nächsten, die Angst vor der Zahl 13 übertrug sich auf andere Ängste. Die Stärke der ursprünglichen Angst vervielfachte die neuen Ängste und der Kumulationsgrad der Phobie stieg immer weiter an.

Durch Aberglaube genährte, phobische Angst führt häufig zu *Thanatophobie,* einer extrem Furcht vor Tod und Sterben. Terry Kuraner, der sich in New York City und Florida als Grabmalverkäufer den Ruf als ›Mr. Monument‹ erworben hat, wurde wiederholt Zeuge davon, daß diese Phobie manche Menschen weit stärker belastete als die Trauer um den Verstorbenen.

»Ich habe nahe Angehörige von Verstorbenen erlebt«, sagt er, »die vor Angst keine Leichenhalle, keinen Friedhof betreten und an keiner Totenfeier teilnehmen konnten. Ich erlebte Trauergäste, die sich weigerten, während der Trauerfeier ihre Autos zu verlassen. Manchen bricht der kalte Schweiß aus, andere kippen um und erleiden einen Kreislaufkollaps.

Diese extremen Reaktionen haben nichts mit ihrer Trauer über den Verstorbenen zu tun. Diese Leute stehen furchtbare Angst aus, mit dem Tod konfrontiert zu werden. Sobald sie in sicherer Entfernung des mit Tod in Verbindung stehenden Ortes sind, erholen sie sich schnell und sind bald wieder völlig in Ordnung. Meine Frau sagt, diese Leute haben eine Phobie und ich glaube, sie hat recht. Ein Glück, daß ich davon nicht befallen bin, sonst wäre ich wohl nicht lange in dem Geschäft.«

Seine Frau hat tatsächlich recht. Diese Leute leiden nicht unter der Trauer, sie leiden unter der Phobie. Ob es sich um Triskaidekaphobie, Thanatophobie oder eine andere krankhafte Angst handelt, Phobiker können sich helfen, wenn sie wirklich dazu bereit sind. Genau wie Sie, meine Leser, egal unter welcher Phobie Sie leiden, und wie stark die Störung Sie beeinflußt.

Namhafte Phobieexperten haben eine Methode erarbeitet, wonach die phobische Angst auf einer Skala von 1 bis 10 zu messen ist, um dem Betreffenden die Möglichkeit zu geben, den Grad seiner Angst, den er oder sie bestimmten Dingen oder Situationen entgegenbringt, zu erkennen.

Stehen Sie bei der Zahl 1 auf der Skala, so sind Sie absolut ruhig und gefaßt; bei 10 packt Sie das nackte Grauen. Mit 10 als Höchstwert, der äußersten emotionalen Reaktion auf eine gefürchtete Situation, wissen Sie als Phobiker, daß Sie an die Grenzen Ihrer Angst gestoßen sind. Sie wissen, daß Sie bei der nächst höheren Stufe entweder tot umfallen oder den Verstand verlieren.

Das ist für den Phobiker eine sehr wichtige Erkenntnis, da Ihnen bereits dieses Wissen Rückhalt gibt und Ihnen hilft, Ihre phobischen Ängste einzugrenzen.

Der Gradmesser Ihrer Angst

Hiermit können Sie Ihre Reaktion auf den gefürchteten Sachverhalt messen, die von völliger Ruhe bis zu absolutem Grauen reicht.

Es ist ein einfacher Eigentest. Sie beurteilen damit Ihre *inneren* Gefühle und nicht das, was um Sie herum geschieht. Versuchen Sie sich von Ihrer Umgebung abzuschließen, Geräusche, Gerüche, Anblicke oder anderweitige äußere Wahrnehmungen auszuschalten. Konzentrieren Sie sich auf die Reaktionen Ihres Körpers und Ihres Verstandes, wenn Sie mit der Situation, die Sie am meisten fürchten, konfrontiert sind.

Beschäftigen Sie sich in Gedanken mit dem, was in Ihnen irrationale Angst erzeugt. Konzentrieren Sie sich darauf und nennen Sie den *Grad* der Angst, den Sie spüren, wenn Sie der gefürchteten Sache oder Situation unausweichlich gegenüberstehen. Stellen Sie sich das *Schlimmste* vor, was passieren könnte, und haken Sie an, was Ihre Reaktion darauf am treffendsten beschreiben würde.

1. Völlige Ruhe.
2. Ein wenig mulmig.
3. Leicht nervös.
4. Ausgesprochen nervös.
5. Nervös, doch immer noch unter Kontrolle.
6. Herzklopfen und Schweißausbruch.
7. Das Gefühl, die Kontrolle zu verlieren.
8. Unfähig, klar zu denken.
9. Am Rande der Panik.
10. Unerträgliches, blankes Entsetzen.

Wenn Sie keine Zahl über 5 angekreuzt haben, betrachten Sie sich als kontrolliert. Wenn Sie aber eine Zahl über 5 angekreuzt haben, hat Ihre Phobie die Herrschaft übernommen.

Kein Grund zur Panik. Hilfe erwartet Sie bereits auf der nächsten Seite...

II. TEIL

Wie Sie die Herrschaft zurückgewinnen können

(Die Lösungen)

5. Kapitel

Sie können sich selbst helfen

Es dürfte Ihnen mittlerweile klar sein, daß die Besorgnis darüber, woher die nächste phobische Angst oder Panikattacke kommt, lediglich die Wahrscheinlichkeit ihres Eintreffens erhöht. Wenn Sie wissen, wie Sie sich davor schützen, können Sie das vermeiden.

Es gibt Dutzende einfacher Strategien, die Sie anwenden können, um Ihre Angst, Unruhe und Befürchtungen auf ein erträgliches Maß zu reduzieren.

In diesem Kapitel geht es uns zunächst darum, leicht anwendbare Überbrückungsmaßnahmen zu vermitteln, die eine Phobieattacke abwenden oder eingrenzen sollen. Mit dauerhaften Heilmethoden befassen wir uns später.

Mit Hilfe solcher Schnellmaßnahmen sind Sie in der Lage, die Schrecken einer phobischen Sache oder Situation im Zaum zu halten. Statt die gefürchtete Sache oder Situation zu vermeiden, vermögen Sie die Angst vor dieser Begegnung auszuschalten.

Das ist für jeden Phobiker ein großer Schritt zur Besserung.

Ob Sie sich also einer Brücke nähern, vor deren Überquerung Sie sich fürchten, oder ein Flugzeug besteigen, wenn Sie unter Flugangst leiden, oder ein Vorstellungsgespräch führen, vor dem Sie Angst haben, hier einige *Schnellstrategien,* die Sie anwenden können, um diese Ängste zu vertreiben.

Diese Techniken werden für Sie zum unschätzbaren Wert, wenn eine Phobie sich in die Winkel und Ritzen Ihres Denkens eingenistet hat und Ihnen das Leben schwermacht.

Manche dieser Strategien wirken zu verschiedenen Zeiten, an verschiedenen Orten und für verschiedene Leute besser als andere. Aber alle sind wirksam.

Suchen Sie sich die Techniken aus, die für Sie am besten geeignet sind. Sie werden feststellen, wenn eine nicht so schnell funktioniert, wie Sie erwartet haben, wird die andere es tun. Sie werden auch feststellen, daß manche Maßnahmen unauffälliger anzuwenden sind als andere.

Dieser letzte Punkt ist sehr wichtig. Wenn Sie allein zu Hause einen Phobieanfall erwarten, kann jede angstvertreibende Technik angewendet werden. Droht diese Phobieattacke Sie jedoch in der Öffentlichkeit zu überfallen, werden Sie eine unauffällige Methode vorziehen, um sich davor zu schützen.

Schnellstrategien

Diese ›Erste-Hilfe‹-Maßnahmen gegen Panikreaktionen sind in erster Linie Ablenkungsmanöver, darauf abgezielt, Ihre Aufmerksamkeit von der bedrohlichen Sache oder Situation abzulenken und dadurch eine Panikreaktion zu verhindern.

Wichtig ist, daß Sie sich mit sämtlichen aufgeführten Techniken vertraut machen und alle an sich ausprobieren — beim ersten Anzeichen eines phobischen Symptoms — damit Sie sich später darauf konzentrieren können, die für Sie am wirksamsten zu üben.

Betrachten Sie diese Maßnahmen als *Machtstrategien,* die Sie in die Lage versetzen, Ihre Phobie zu beherrschen, statt umgekehrt. Sie brechen den Bann Ihrer Angstreaktion, indem Sie geistige Gymnastik betreiben.

Ihre fünf Sinne — Sehen, Riechen, Schmecken, Tasten, Hören — sind Ihnen dabei große Hilfen; außerdem noch eine Reihe anderer Empfindungen, darunter seelische Regungen und eine erhöhte Bewußtmachung Ihrer Muskelarbeit.

Wenn Sie sich eingehend mit diesen Strategien beschäftigen, steht Ihnen bald ein umfassendes Arsenal von Anti-Angst-Waffen zur Verfügung. Fragen Sie nicht nach Theorien, warum diese oder jene Übung bei Ihnen wirkt. Manche Techniken wirken aus anderen Gründen, als den hier genannten.

Wenn eine Technik wirkt, wenden Sie sie an!

Beim ersten Anzeichen eines Phobiesymptoms müssen Sie sich innerlich darauf einstellen, dagegen vorzugehen, indem Sie sich einer Schnellstrategie bedienen.

Zunächst wollen wir uns mit dem Tastsinn befassen.

Berührung

Schon das Gefühl, etwas Vertrautes zu berühren, kann Sie beruhigen, Ihnen als Schild gegen Ihre Angst dienen. Das Gefühl, etwas Vertrautes und Nichtbedrohliches zu berühren, hilft Ihnen, Ihre Gedanken in die Realität zurückzuführen.

Wenden Sie folgende Techniken an, um Ihrer phobischen Angst Einhalt zu gebieten...

1. Berühren Sie Ihre Hand.

Spüren Sie die beruhigende Wirkung, wenn Sie eine Hand in die andere legen, oder Ihren Arm, Ihre Wange, Ihre Stirn berühren. Das kann und sollte unauffällig geschehen, um das Gefühl der geheimen Freude zu erhöhen.

Erinnern Sie sich, wie gern Präsident John F. Kennedy bei seinen Reden die Hände in den Taschen seines Jackets vergrub? Vielleicht verschaffte ihm diese Geste Beruhigung, war das seine ›Sicherheitszone‹.

2. Bewegen Sie die Zehen in den Schuhen.

Solange, bis Ihre Angst abflaut – und sie wird abflauen.

Eine ideale Schnellstrategie in Situationen, in denen Sie sich eingesperrt fühlen, aber unauffällig verhalten wollen, wie im Zahnarztstuhl, im Unterricht oder unter der Trockenhaube beim Friseur.

3. Lassen Sie ein Gummiband gegen Ihr Handgelenk schnipsen.

»Bei Angstgedanken«, sagt Dr. Julian Herskowitz von TERRAP, »ist dies eine ausgezeichnete Methode, um die Kette phobischer Gedanken zu durchbrechen und sich zurück in die Realität zu schnipsen.«

Schnipsen Sie das Gummiband fest gegen die weiche Innenseite Ihres Handgelenks, damit benutzen Sie ein Ablenkungsmanöver, womit Sie sich buchstäblich in die Gegenwart zurückschnipsen.

4. Klopfen Sie sich kräftig zehnmal in den Nacken.

Eine Maßnahme, die Sie natürlich nicht in der Öffentlichkeit ausführen, die jedoch ein Lebensretter sein kann, wenn Sie sich am Rand einer Panik befinden.

Klopfen Sie sich mit der flachen Hand gegen den Nacken. Zögern Sie nicht lange. Führen Sie schnelle, flache und kräftige Schläge aus. Die Bestimmtheit Ihrer Aktion hilft, daraus einen wirkungsvollen Panikstopper zu machen.

5. Kauen Sie etwas.

Es muß nicht Kaugummi sein. Das Ende eines Bleistifts oder Kugelschreibers, das Brillengestell oder ein Zahnstocher tun es auch. Manche Phobiker tragen immer einen Zahnstocher bei sich, für den Notfall.

Diese Technik erweist sich als angenehmer und wirksamer als die uralte Anti-Angst-Strategie, auf die sie zurückgeht – nämlich das Nägelbeißen.

6. Pressen Sie die Zunge gegen den Gaumen.

Eine unauffällige Methode, um Spannung abzuleiten und Angst zu kontrollieren – tun Sie es aber bitte mit geschlossenem Mund. Wie Dr. Edwin Joy, der an früherer Stelle zitierte Zahnarzt, sagt: »Der Mund ist ein hochsensibler Intimbereich.«

Was Sie mit Ihrer Zunge anstellen, geht niemand außer Sie selbst etwas an. Das verschafft Ihnen einen Punkt Vorsprung vor dem, was Sie da draußen ängstigt. Es ist Ihre Sicherheitszone, so wie JFKs Jackentaschen.

Sehen

»Paß auf, wohin du trittst«, warnt Ihre Phobie, wenn Sie an die Brücke kommen, vor deren Überquerung Sie Angst haben.

Haben Sie tatsächlich Angst, daß die Brücke unter Ihrem Gewicht zusammenbricht – oder könnte es sein, daß Ihre eigentliche Angst darin besteht, einem unerklärlichen Drang nachzugeben, in die Tiefe zu springen?

Oder ist die Brücke vielleicht nur ein Symbol für das Beängstigende, das Sie auf der anderen Seite erwartet – vielleicht die Verbindung zwischen Ihrer gegenwärtigen Situation und Ihrem Zielort, vor dem Sie sich fürchten? Der Arztbesuch wegen einer wichtigen Untersuchung? Das Finanzamt wegen eines Steuerbescheids? Das Haus Ihrer Schwiegermutter?

Welche Bedeutung diese Brücke auch verkörpert, blicken Sie nicht starr geradeaus. Richten Sie Ihren Blick auf einen anderen Punkt. Mit der Veränderung Ihres Blickpunkts können Sie auch Ihre Wahrnehmung der gefürchteten Sache verändern.

Hier einige Schnellstrategien, die sich auf Ihr Sehvermögen beziehen...

1. Behalten Sie etwas Konkretes im Auge.

Sie fahren — über eine Brücke, durch eine Unterführung, auf der Autobahn, egal wo — und werden plötzlich von einem drohenden Gefühl des Unheils überfallen.

Vielleicht sind Sie nervös, ob Sie Ihr Tempo dem Verkehrsfluß anpassen können. Vielleicht fahren Sie hinter einem großen Lastzug her, der sich wie eine Mauer vor Ihnen auftürmt, und bekommen Platzangst.

Starren Sie nicht auf diese leere Mauer. Lassen Sie sich nicht von dem vorbeirauschenden Verkehr hypnotisieren. Erfassen Sie mit Ihrem Blick etwas, das Ihr seelisches Gleichgewicht wiederherstellt.

Schauen Sie das Nummernschild des Lasters an, ohne zu versuchen, es zu lesen. Sehen Sie es nur an. Dann blicken Sie kurz in den Seitenspiegel, in den Rückspiegel. Werfen Sie einen Blick auf Ihren Tachometer.

Kurzum, reißen Sie sich aus Ihrem Gefühl bevorstehenden Unheils, indem Sie sich von Ihrer Phobie ablenken — nicht aber vom Lenkrad Ihres Wagens. Um sich mit der Realität zu befassen, brauchen Sie Ihren Blick nicht von der Straße zu wenden. Im Gegenteil, zwingen Sie Ihrer hypnotischen Angst eine Realitätswahrnehmung auf.

2. Beobachten Sie, wie die Sekunden verstreichen.

Diese simple Maßnahme kann Sie vor einer rasch anwachsenden Unruhe bei einer anstrengenden Geschäftsbesprechung retten. Wenden Sie unauffällig Ihren Blick von den bedrohlichen Gestalten, die Sie umgeben und schauen Sie auf Ihre Uhr.

Folgen Sie dem Lauf des Sekundenzeigers. Das Beobachten Ihrer Uhr lenkt Sie von dem Gefühl ab, daß Sie beobachtet werden.

3. Verändern Sie das Licht.

Die Helligkeit, die Ihr Auge trifft, kann die Wahrnehmung verändern, die Ihr Gemüt trifft. Manchmal übt schon ein Abschwächen des Lichts oder Herunterlassen der Jalousien eine beruhigende Wirkung aus und verschafft Ihnen das Gefühl, sich an einem sicheren Ort zu befinden.

Aber auch ein Erhellen des Raums verjagt die Schatten einer nahenden Katastrophe. Auch eine Veränderung der Lichtfarbe kann beruhigend wirken.

Ist Ihnen aufgefallen, wie im Kino Ihre inneren Wahrnehmungen sich verändern, wenn die Leinwand von grellen Farben in verwaschene Töne übergeht und umgekehrt. Sie können Ihre Wahrnehmungen im realen Leben in ähnlicher Weise mit Lichtveränderungen beeinflussen.

Geruch

Ein Fernseh-Werbespot für ein Deodorant legt den Akzent auf seine ›Schutzwirkung‹. Die Werbeaussage verspricht, den Benutzer vor der Peinlichkeit seines Körpergeruchs zu bewahren.

Gerüche, ob gut oder schlecht, lösen psychologische Reaktionen aus. Der Narkosegeruch im Krankenhaus weckt beispielsweise unangenehme Erinnerungen an eine schwere Krankheit und wühlt damit verbundene, alte Ängste auf. Gute Gerüche bewirken das Gegenteil und beeinflussen Ihre Psyche positiv.

An der Duke Universität von North Carolina untersuchte die Psychologin Susan Schiffman emotionale Reaktionen auf Gerüche und stellte fest, daß Schokolade die Stimmung depressiver Patienten hebt.

Wissenschaftler des John B. Pierce Foundation Laboratory der Universität Yale führten Untersuchungen über den menschlichen Geruchssinn durch und Dr. William Cain sagt: »Es ist keineswegs abwegig anzunehmen, daß Geruch ein sensorischer Reiz zur Streßreduzierung ist.«

Dr. Gary E. Schwartz, Professor für Psychologie und Psychiatrie in Yale, befaßt sich mit der Wirkung der ›Aromatherapie‹ an einer Reihe psychischer, darunter auch phobischer Symptome. Er stellte Vergleiche an zwischen einer Personengruppe, die angenehmen Düften ausgesetzt war, wie dem Duft frischer Äpfel, und einer anderen Gruppe, die diesen Gerüchen nicht ausgesetzt war. Beiden Gruppen wurden Fragen gestellt, die Streßanzeichen auslösten.

Die den angenehmen Düften ausgesetzte Gruppe zeigte weniger Streßreaktionen als die andere Gruppe. Der Streßgrad wurde über Blutdruck, Herzfrequenz und Messungen der Muskelanspannung gemessen.

Sie können sich solche Forschungsergebnisse in der Praxis zunutze machen, indem Sie sich mit angenehmen Düften umgeben, um einen phobischen Anfall abzuwehren oder abzubrechen. Aber auch scharfer Geruch kann das bewerkstelligen. Prüfen Sie, ob Sie auf eine der folgenden Maßnahmen ansprechen...

1. Halten Sie sich ein Taschentuch an den Mund.

Ebenso wie schlechter Geruch eine phobische Reaktion auszulösen vermag, kann guter Geruch diese sofort stoppen. Jede Frau hat ihr Lieblingsparfüm, jeder Mann sein Lieblingsrasierwasser.

Betupfen Sie Taschentuch, Schal oder auch einen Blusen- oder Hemdärmel mit dem Wohlgeruch. Beim ersten Anzeichen eines Phobie-Anfalls halten Sie sich das Tuch an die Nase und atmen tief ein. Sie werden Erleichterung verspüren.

2. Lassen Sie sich von Ihrer Nase anregen.

Es ist eine unleugbare Tatsache, daß ein Geruch, den ein Mensch als ekelerregend wahrnimmt, von einem anderen als angenehm empfunden werden kann. Ein für Sie angenehmer Duft kann bewirken, daß Ihre Phobie reduziert wird.

Wählen Sie Gerüche, die Ihnen angenehm sind, ungeachtet, ob Ihre Wahl absonderlich ist. Benutzen Sie diese Gerüche, um den Terror eines Panikanfalls abzuwenden.

Der Geruch eines alten Schuhs, ein verschwitztes Hemd oder eine verstaubte Schublade mögen für viele Menschen ekelerregend sein. Möglicherweise aber nicht für Sie. Bewahren Sie Dinge Ihrer Wahl in Ihrer Nähe und stecken Sie die Nase hinein, wenn eine Panik droht.

3. Tragen Sie ein Mentholspray bei sich.

Diese kleinen Geräte sind in jeder Drogerie oder Apotheke erhältlich. Wählen Sie ein Gerät, das Ihre Nasenwände reizt, wenn Sie tief inhalieren. Der scharfe Reiz kann Sie aus einer phobischen Reaktion schrecken.

Sie befördern sich über Ihren Geruchssinn in die Wirklichkeit zurück. Es ist nicht der besondere Mentholgeruch, der das zuwege bringt, sondern die beißende Schärfe auf die empfindlichen Nasenschleimhäute.

Ein Inhalator ist problemlos mitzuführen und kann unauffällig angewendet werden.

4. Schlagen Sie mit Salmiakgeist zurück.

Das ist der große Bruder des Inhalators. Eine Reminiszenz an das altmodische Riechsalz und Riechfläschchen. Halten Sie zu Hause eine Flasche Haushaltssalmiakgeist in Bereitschaft, damit Sie im Notfall eine Nase davon nehmen können. Sie können auch ein wenig in einen kleinen Parfumflakon abfüllen und ihn bei sich tragen. Riechen Sie nur einmal daran, nicht öfter!

Geschmacksinn

Unsere Geschmacksnerven wirken nicht nur auf unsere Einstellung zu gewissen Nahrungsmitteln, sie wirken auch auf unsere Gemütsverfassung. Aus dem oft gehörten Satz »Du bist, was du ißt« geht hervor, daß unsere Ernährung etwas über unsere Persönlichkeit aussagt.

Was Sie also essen, geht nicht nur in Ihren Magen, sondern auch in Ihren Kopf. Die Wirkung auf Gehirn, Nervensystem und Stimmung hängt in hohem Maße vom Geschmack der Nahrung ab, die Sie zu sich nehmen.

Und da ist noch mehr. Neben dem Geschmack ist es die Beschaffenheit der Nahrung, ob weich oder hart, heiß oder kalt, fest oder flüssig. All diese Elemente sind in folgender Liste ›geschmackvoller‹ Tips enthalten, die Ihrer Angst den Garaus machen.

1. Zerbeißen Sie etwas Knackiges.

Ihre Geschmacksnerven empfinden es als besonders angenehm, wenn Sie etwas Schmackhaftes, Knackiges zerbeißen, dessen Aroma sich dadurch entfaltet. Eine solche Geschmacksexplosion kann Ihr Angstgefühl vertreiben.

Was Sie zerbeißen – Nüsse, Minzbonbons oder Karotten – bleibt Ihnen überlassen. Wenn eine phobische Situation in Aussicht steht, greifen Sie zu einer dieser knackigen Köstlichkeiten.

Wenn es darauf ankommt, sich zu entscheiden, ob Sie Ihrer Angst aus dem Weg gehen oder sich ihr stellen, kann Ihnen ein knackiger Bissen helfen, sich für die Konfrontation mit Ihrer Angst zu entscheiden.

Ein Wort zur Vorsicht: Passen Sie auf, daß Ihre Zähne die Sache heil überstehen.

2. Kauen Sie einen erfrischenden Kaugummi.

Damit verbinden Sie Geschmack mit einer Tätigkeit – das Kauen – um Ihre Angst zu kontrollieren und einer starken Angstwelle vorzubeugen.

Diese Schnellmaßnahme ist auch weniger belastend für die Zähne. Verlassen Sie sich aber nicht darauf, daß ein

Kaugummi Wunder wirkt. Sobald der Geschmack weg ist, verschwindet auch die Wirkung auf Ihre Stimmung.

Stecken Sie einen neuen Kaugummi in den Mund!

3. Essen Sie etwas, das Sie tröstet.

Eine ideale Lösung für den Sozialphobiker, der sich bei dem Gedanken, im Restaurant zu essen, vor Angst windet, etwas falsch zu machen und in eine peinliche Situation zu geraten. Völlig grundlos natürlich, für den Phobiker allerdings nicht. Bestellen Sie sich ein einfach und ohne viel Umstände zu essendes Gericht, das schnell serviert wird – je länger die Wartezeit, desto höher steigt Ihr Angstpegel und Sie versuchen vielleicht, Ihre Angst in einem Cocktail nach dem anderen zu ertränken.

Bestellen Sie sich Gerichte, die Ihnen ein gutes Gefühl geben. Vielleicht werden dadurch Kindheitserinnerungen geweckt, bemuttert zu werden. Hühnerbrühe, Kartoffelbrei, Hackbraten und ganz allgemein Gerichte, die eher weich und nicht zu stark gewürzt für den Gaumen sind.

Sie haben die Wahl.

Die gleiche Schnellmaßnahme können Sie zu Hause ausprobieren. Viele Agoraphobiker oder Menschen, die knapp davor sind, Agoraphobiker zu werden, verwöhnen sich mit einem tröstlichen Kinderessen.

4. Lutschen Sie ein Bonbon.

Auch das ein Symbol aus unbeschwerten Kindheitstagen. Doch dahinter steckt mehr, als nur ein Symbolwert.

Wissenschaftliche Untersuchungen am Massachusetts Institute of Technology haben ergeben, daß manche Menschen unbewußt ein biochemisches Bedürfnis nach Aufmunterung haben. Und eine Süßigkeit – ein Bonbon – kann die Gehirnchemie rasch verändern.

In erster Linie kann die Leckerei Sie von Ihrer phobischen Angst ablenken.

5. Bringen Sie sich mit einer sauren Gurke ins Gleichgewicht.

Der Gegenpol zur süßen Naschkatze. Eine kalte, sehr saure Gurke läßt Ihnen das Wasser im Mund zusammenlaufen.

Eine ausgezeichnete Methode, Ihre Aufmerksamkeit von den ›Was-wäre-wenn‹-Besorgnissen abzulenken. Nur richtig sauer, eiskalt und knackig muß die Gurke sein!

Gehör

Musiktherapie ist eine bewährte Behandlungsmethode zahlreicher Formen seelischer Störungen. Musik hat die Eigenschaft, die Menschen tief anzurühren. Ihre Wirkung erreicht das Gehirn durch das Gehör.

Konfuzius, der berühmte chinesische Philosoph sagte einmal, Musik mache »Verstellung und Irreführung unmöglich«. Wenn dem so ist – und es gibt guten Grund zu dieser Annahme – wird dieser wünschenswerte Zustand dadurch erreicht, daß Musik dem Zuhörer Realität vermittelt. Das ist genau die Art der Hilfe, die jemand braucht, um seine phobische Angst abzuwehren.

Mit der Fähigkeit, in die Wirklichkeit zurückzukehren, also in den Gegenwartsaugenblick und das tatsächliche Geschehen in dieser Gegenwart, werden phobische Ängste vertrieben oder zumindest reduziert.

Aber mehr als nur Musik dringt an Ihr Ohr, wenn Sie Ihr Gehör als Angstblocker einsetzen. Hier einige Tips...

1. Drehen Sie die Musik auf volle Lautstärke.

Es genügt nicht, Ihre Lieblingsmusik zu hören, um einem Phobie-Anfall das Kreuz zu brechen. Hören Sie die Musik laut – egal ob es ein Popsong, eine Symphonie oder eine Rock-'n'-Roll-Nummer ist.

Spielen Sie das Stück nicht zu lang in voller Lautstärke. Wenn Sie zu Hause sind oder im Auto fahren, drehen Sie die Lautstärke ein paar Sekunden voll auf, wenn die Angst Sie packt. Eine kurze laute Tonfolge kann Ihre Angst vertreiben.

2. Benutzen Sie Kopfhörer.

Die tragbare Version der vorangegangenen Schnellmaßnahme. Sie können Kopfhörer an Ihre Stereoanlage zu Hause anschließen – das ist ein ausgezeichneter Ersatz dafür, die Lautsprecher auf volle Lautstärke zu drehen. Wenn Sie Kopfhörer aufsetzen, schalten Sie außerdem jedes Außengeräusch aus.

Dies hat auch einen psychologischen Effekt auf Ihre feinen Gehörnerven. Sie hören nur die Musik, die Sie hören wollen. Dadurch können Sie sich phobischen Ängsten verschließen.

Mit einem Walkman, Kopfhörern und einer Tonbandkassette haben Sie auch noch völlige Bewegungsfreiheit. Damit können Sie eine beängstigende Fahrt in der U-Bahn oder einen ebenso beängstigenden Aufenthalt im Lift überstehen.

Der gleiche Zweck wird in Flugzeugen erreicht, in denen Kopfhörer zu jedem Sitz gehören. Ängstliche Fluggäste setzen Kopfhörer auf, bevor sie die Sitzgurte anschnallen.

3. Spielen Sie ein Instrument, egal welches.

Keine Angst. Sie müssen keinen Musikunterricht nehmen, um erkennbare Musikstücke zu spielen. Hier geht es um den Klang und die Tatsache, daß Sie es sind, der oder die den Klang produziert.

Wenn Sie ein Klavier besitzen, hauen Sie in die Tasten. Wenn Sie ein Blasinstrument haben, blasen Sie hinein. Schlagen Sie auf eine Trommel. Wenn Sie kein Instrument besitzen, kaufen Sie sich eine Mundharmonika, eine Trillerpfeife oder ein Tambourin. Egal was.

Macht Ihre Phobie Sie nervös, machen Sie Lärm auf diesem Instrument. Diese Taktik hat ein bißchen Ähnlichkeit mit den Praktiken eines Medizinmanns, der mit seiner Trommel böse Geister verscheucht.

Das erscheint mir eine plausible Analogie. Trägt der Terror der Phobie nicht die Fratze eines bösen Geistes? Seien Sie Ihr eigener Medizinmann und verscheuchen Sie den bösen Geist!

4. Pfeifen Sie.

Eine altbewährte Technik, um Angst zu vertreiben. Und sie ist immer noch brauchbar. Natürlich müssen Sie pfeifen können. Nicht jeder kann das.

Wenn Sie nicht pfeifen können, greifen Sie zu einer der anderen Sofortmaßnahmen. Wenn ja, wird das Pfeifen Ihre Aufmerksamkeit von der beklemmenden Angst ablenken.

5. Hören Sie Ihrer eigenen Stimme zu.

Dies ist eine Methode, mit der Sie sich wieder unter Kontrolle bekommen, wenn Ihr Blut in Aufruhr gerät und Sie das Schlimmste kommen sehen. Dazu benötigen Sie einen kleinen Kassettenrecorder und eine Leerkassette.

Sie legen die Kassette ein, nehmen das Mikrophon zur Hand und geben sich selbst Befehle. Es versteht sich von selbst, daß Sie die Kassette besprechen, wenn Sie sich wohl fühlen, nicht wenn Sie unter Streß stehen.

Mit klarer, fester Stimme sagen Sie ins Mikrophon: »Hör auf! Es gibt nichts, worüber du dir Sorgen machen mußt. (SETZEN SIE IHREN VORNAMEN EIN) – Hörst du mir zu? Ich bin es, der (die) zu dir spricht. Wir sind ein und dieselbe Person. Ich habe keine Angst, also brauchst du auch keine Angst zu haben. Wenn du nicht glaubst, daß ich echt bin, dann kneife dich. Siehst du? Jetzt spule die Kassette zurück und spiele sie dir immer wieder vor, bis deine Angst von dir gewichen ist!«

Wenn Sie sich selbst Befehle erteilen, werden Sie zu Ihrem eigenen Therapeuten. Sie geben sich selbst Ratschläge, was Sie tun müssen, um sich besser zu fühlen. Wenn Sie Ihre eigene Stimme hören, die in festem, selbstsicherem Ton zu Ihnen spricht, kann das Ihre Selbstachtung heben und Sie darauf vorbereiten, loszuziehen, um den Drachen zu töten.

Wobei der Drache natürlich Ihre phobische Angst ist. Spielen Sie die Kassette ab, bevor Sie sich an einen Ort begeben, wo der Drache lauern könnte.

Danach werden Sie sich sagen können: »Die Sache gefällt mir zwar nicht, aber ich kann sie durchstehen.«

Wenn Sie Ihre fünf Sinne strategisch einsetzen, bewirken Sie eine Veränderung Ihrer Empfindung oder Wahrnehmung, vielleicht von beiden. Zusätzlich zu unseren fünf Sinnen steht uns eine weitere Sofortmaßnahme zur Verfügung...

Die Muskulatur

Phobiespezialisten haben festgestellt, daß Muskelverspannungen und Angst Hand in Hand gehen. Ursache und Wirkung wechseln einander ab. Entsteht Spannung in den Muskeln, erhöht sich der Angstpegel. Entstehen Ängste im Kopf, verstärkt sich die Muskelverspannung.

Der Zusammenhang verhält sich in etwa so wie die klassische Frage: Wer war zuerst da, das Huhn oder das Ei? Expertenmeinungen gehen auch hier auseinander.

Ein phobischer Mensch kann daraus Nutzen ziehen, da er einen zweifachen Ansatz zur Bekämpfung seiner Phobie hat. Sie können mit dem Verstand und mit der Muskulatur dagegen angehen. Hier einige Vorschläge, wie Sie phobische Angst mit Muskelarbeit verjagen können...

1. Lassen Sie den Unterkiefer hängen.

Spannung hält sich oft in den Kiefergelenken. Öffnen Sie den Mund und lassen den Unterkiefer fallen, damit bauen Sie Spannung ab.

Diese Entspannungstechnik verstärken Sie, wenn Sie die Finger jeder Hand an die Kiefergelenke, direkt unter den Ohren legen und diese Region leicht massieren. Reiben Sie Ihre Finger dabei nicht über die Haut. Beschreiben Sie kleine Kreisbewegungen, so daß die Haut unter Ihren Fingerkuppen sich mit bewegt.

Lassen Sie dabei den Unterkiefer locker. Die Kreismassage unterstützt die Entspannung des Unterkiefers.

Diese Sofortmaßnahme vermittelt Ihnen ein Gefühl der Ruhe, wenn Sie phobische Angst haben. Es ist keine besonders auffällige Technik. Sie läßt sich im Restaurant vornehmen, wenn Sie beispielsweise die Speisekarte lesen. Eine ideale Methode, um ein beängstigendes Panikgefühl zu überwinden, das Sie möglicherweise befällt, wenn Sie im Theater Platzangst bekommen.

2. Schütteln Sie die Handgelenke aus.

Tun Sie das zwanzigmal. Lassen Sie dabei die Hände locker hängen und schütteln sie kräftig. Zählen Sie dabei leise. Das Zählen ist ein zusätzliches Ablenkungsmanöver zu dieser Entspannungsübung.

Einen ähnlichen Effekt erzielen Sie, wenn Sie die Handgelenke unter kaltes Wasser halten und sich das Wasser über die empfindlichen Innenseiten der Gelenke laufen lassen.

Handgelenke ausschütteln ist allerdings leichter zu bewerkstelligen. Eine gute Taktik, die Sie vor einem öffentlichen Auftritt bei einer Party, einer Sitzung oder einer sonstigen Lampenfieber erzeugenden Gelegenheit ausprobieren sollten.

3. Gebrauchen Sie die Fäuste.

Nein, nicht um jemand damit k. o. zu schlagen, sondern um verspannte Muskeln, die Angstsignale an Ihr Hirn senden, zu spannen und zu lockern.

Machen Sie eine Faust und lassen Sie locker. Faust machen, locker lassen. Mit beiden Händen gleichzeitig. Wiederholen Sie die Übung zehnmal. Kräftige Faust machen, locker lassen; kräftige Faust machen, locker lassen.

Diese Spannungs-Lockerungsübung kann die Angstsignale an Ihr Gehirn ablenken und so dazu beitragen, das Gleichgewicht Ihrer Gemütsverfassung wieder herzustellen. Eine phobische Angst kann sich dadurch in Nichts auflösen!

4. Versuchen Sie es mit Kaubewegungen.

Besonders zu empfehlen für Sozialphobiker, die vor einer öffentlichen Rede Angst haben, keinen Ton hervorzubringen. Gleichfalls zu empfehlen für Menschen, die unter phobischen Ängsten leiden, wenn sie ein Telefonat führen müssen.

Toby Katz, der Präsident der Speaker's Corner Communications Consulting Group, Inc. in New York City, entdeckte diese Methode und beschrieb sie in der *New York Times:* »Diese einfache Übung besteht darin, einen großen, imaginären Kaugummi zu kauen; schieben Sie ihn erst auf eine Seite des Mundes, dann zur anderen, dann in die Mitte (kauen Sie mit offenem Mund).

Die Übung dauert 45 – 60 Sekunden und erleichtert die Funktionen der Artikulatoren (Zähne, Zunge, Lippen) erheblich.«

Diese Technik nimmt nicht nur die Muskelspannung um den Mund, sie wirkt auch als Ablenkung vor der Angst, in der Öffentlichkeit zu sprechen.

Geistige Flickflacks

Wenn Sie Gefahr wahrnehmen, wo keine wirkliche Gefahr existiert, können Sie diese falsche Wahrnehmung ausschalten, indem Sie Ihren Verstand einschalten.

Sie können einen geistigen Flickflack machen, der Ihnen hilft, sich wieder in die Realität einzuklinken. Hier einige Beispiele...

1. Lernen Sie eine Einkaufsliste auswendig.

Das ist der erste Schritt. Der nächste Schritt besteht darin, sich diese Liste immer wieder vorzusagen. Sie muß nicht lang, sollte aber ziemlich detailgenau sein.

Sagen Sie nicht nur: »Butter, Eier, Brot, Milch, Käse, Fleisch, Obst.« Gehen Sie ins Detail: »Ein halbes Pfund Süßrahmbutter, ein Dutzend Eier, ein kleiner Laib Vollkornbrot, ein Liter Milch, ein halbes Pfund Schweizer Käse, ein Pfund magere Lende, drei reife Bananen und zwei Pfund Jonathan-Äpfel.«

Gar nicht so leicht, das alles zu behalten, wie?

So soll es auch sein. Das ist der Trick dabei. Ihr Verstand ist so sehr damit beschäftigt, an die Einzelheiten der Liste zu denken, daß kein Platz für andere Sorgen bleibt.

Damit verändern Sie Ihre Angstwahrnehmung und die daraus entstandene phobische Angst.

2. Zählen Sie von 50 rückwärts.

Eine andere Methode, seine Gedanken von falschen Wahrnehmungen abzulenken. Beim Rückwärtszählen muß man mitzählen.

Wenn Ihnen das zu leicht fällt, weil Sie ein Rechengenie sind, machen Sie die Aufgabe schwieriger. Zählen Sie von 50 oder von 100 rückwärts und überspringen jeweils drei Zahlen. Also: 50 – 47 – 44 – 41 ... und so weiter.

3. Sagen Sie das Alphabet in einer besonderen Weise auf.

Hier eine weitere Variation, diesmal mit Buchstaben, statt mit Zahlen. Sie sagen das Alphabet auf und lassen jeden zweiten Buchstaben weg: A – C – E... und so weiter.

Sie führen Ihren Verstand mit einer geistigen Aufgabe, die angstvolle Gedanken verdrängt, ins Hier und Jetzt zurück. Geistige Gymnastik dieser Art kann Ängste vor einer drohenden Katastrophe beschwichtigen.

Diese sowie alle anderen Techniken funktionieren besser, wenn sie laut ausgesprochen werden, da sie damit auch auf Ihr Gehör einwirken. Ist das nicht möglich, weil Sie sich in der Öffentlichkeit aufhalten, kann ein geistiges Rezitieren visualisierter Zahlen, Buchstaben und anderer Dinge im Kopf dazu beitragen, Ihre Angstgefühle zu verringern, wenn nicht völlig abzustellen.

4. Lösen Sie ein Kreuzworträtsel oder ein anderes Rätsel.

Wenn Ihre Gedanken in alle möglichen Richtungen irren und Sie an ein Dutzend Dinge gleichzeitig denken, steht zu befürchten, daß Sie Ihre geistige Mitte verlieren.

Sie sind zwangsläufig überfordert, was latent phobische Neigungen verstärken kann. Es gibt keinen Anker, an dem Sie Ihre Gedanken festhalten können. Damit kann ein hochgradiger Angstzustand oder sogar ein Panikanfall ausgelöst werden.

Sie brauchen etwas, woran Sie Ihre Ängste festbinden können. Dieses Etwas muß eine klar definierte Form haben, wie in einer ordentlichen Küche, wo jedes Gerät an seinem Platz ist, oder ein aufgeräumter Schreibtisch, wo jedes Schriftstück seinen Aktendeckel hat.

Wortspiele, insbesondere Kreuzworträtsel, haben diese ordentliche Form. Die einzelnen Buchstaben müssen in die dafür vorgesehenen Kästchen eingesetzt werden und nirgendwo sonst. Mit jedem gefundenen und richtig eingesetzten Wort bekommen Sie mehr Ordnung und Klarheit in die Aufgabe.

Mit der Konzentration auf die zu ordnenden Worte hören Ihre Gedanken auf, ungeordnet durcheinanderzuschwirren. Sie erlangen wieder Kontrolle über Ihren Geisteszustand.

Behalten Sie diese Sofortmaßnahme im Gedächtnis und stecken Sie sich ein Kreuzworträtsel in Ihre Brief- oder Handtasche, wenn Sie das nächste Mal Bus und U-Bahn fahren, oder ein Flugzeug besteigen. Damit können Sie sogar das Entsetzen bezwingen, wenn eine U-Bahn im Schacht stehenbleibt.

5. Denken Sie: »Na und? Was macht das schon?«

Dies ist eine Form der Autosuggestion. Damit schütteln Sie Angst und Verlegenheit ab, die durch etwas entstanden sind, was Sie gesagt, getan oder nur gedacht haben.

Je sensibler Sie sind, desto wahrscheinlicher leiden Sie unter solchen Gedanken. Wenn Sie diese Gefühle nicht überprüfen, verschlimmert sich Ihre Angst vor Bloßstellung.

Statt sich in Gedanken in die Situation hineinzusteigern, versuchen Sie das Gefühl abzuschwächen, indem Sie intensiv denken: »Was macht das schon?«

Das hilft Ihnen, ein Problem geistig abzuschütteln. Denken Sie: »Was macht das schon!« und zucken Sie dabei mit den Schultern, um den Gedanken zu verstärken.

6. Stellen Sie sich vor, Ihr Kopf ist leer.

Das ist mehr, als nur schöne Gedanken zu haben. Damit schaffen Sie sich einen Platz, an dem Sie diese schönen Gedanken unterbringen.

Wenn Sie sich vorstellen können, Ihr Kopf ist leer, können Sie einen Schritt weitergehen und ihn mit schönen Gedanken füllen. Je nach eigener Vorstellung von Glück können Sie Phantasiebilder einer wunderschönen Landschaft, kistenweise Geld oder erotischer Abenteuer entstehen lassen.

Damit wird unheilvollen Gedanken der Weg abgeschnitten. Und da alles nur in Ihrem Kopf stattfindet, können Sie dieses Spiel überall spielen. Keiner wird es bemerken.

7. Sprechen Sie ein Gebet.

Eine einfache und wirksame Methode, die religiösen Menschen hilft. Wenn Sie so durcheinander sind, daß Sie befürchten, in Ohnmacht zu fallen oder durchzudrehen, können Sie diese Panikgefühle mit einem Gebet abschwächen und dadurch Ihre Geistesgegenwart wiederfinden.

Für eine junge Frau mit Flugangst, die aus beruflichen Gründen häufig fliegen muß, ist das Gebet das einzige Mittel, um ihre Angst in Schach zu halten: »Von der Sekunde an, in der ich meinen Platz einnehme, bis die Maschine ihre Flughöhe erreicht hat, bete ich. Und dann wieder, wenn die Ankündigung erfolgt, daß die Maschine zum Landeanflug ansetzt, bis die Landung erfolgt ist.«

Sobald die Maschine Flughöhe erreicht hat, legt sich ihre Angst. Start und Landung sind kaum zu ertragen. In diesen Augenblicken greift sie zu ihrer Sofortmaßnahme, dem Gebet, um ihre Angst zu beherrschen. Das können auch Sie tun.

Und wenn Sie keine Gebete kennen, tragen Sie ein kleines Gebetbuch bei sich. Ihre Bitte an ein höheres Wesen kann durch das Lesen eines Gebets noch stärker von Ihrer Angst ablenken.

8. Ziehen Sie dreimal an Ihrem linken Ohrläppchen.

Wenn Sie abergläubisch sind, wird Ihnen diese scheinbar alberne Taktik keineswegs albern erscheinen. Sie können damit angstvolle Gedanken und die damit verbundenen körperlichen Symptome abwehren.

Ist das Zauberei?

Ja. Aus diesem Grund wirkt die Taktik bei abergläubischen Menschen.

Klopfen Sie auf Holz!

9. Berühren Sie eine Hasenpfote.

Oder einen Talisman anderer Art. Es kann auch ein Glückspfennig sein, den Sie seit Jahren in Ihrem Geldbeutel mit sich tragen. Oder eine Haarlocke, die den gleichen Dienst als Glücksbringer erfüllt.

Berühren Sie den Gegenstand. Nur zu wissen, daß Sie ihn bei sich tragen, ist nicht ausreichend. Berühren Sie ihn, damit der Zauber wirkt.

Und natürlich müssen Sie an seine magischen Kräfte glauben. Wenn Sie daran glauben, steht Ihnen damit eine Sofortmaßnahme zur Verfügung, mit der Sie einer Reihe von phobischen Ängsten die Stirn bieten können.

Diese geistigen Flickflacks sowie alle anderen Sofortmaßnahmen in diesem Kapitel können das Ausweiten einer phobischen Angst verhindern, bevor sie unerträgliche Ausmaße, etwa die lähmende Form der Platzangst, angenommen hat.

Vergessen Sie nicht, wenn Sie eine ›10‹ in der Phobieskala haben, sind Sie in Schwierigkeiten. Denn mit dem Stand 10 haben Sie ein Höchstmaß an phobischer Anfälligkeit erreicht.

Dazu muß es niemals kommen. Es gibt noch eine Menge anderer Hilfsmittel, wenn einfache Techniken versagen.

Das nächste Kapitel befaßt sich damit.

6. Kapitel

Ein beruhigender Einfluß

Einer der sichersten Wege, sich vor den verheerenden Wirkungen eines Phobie-Anfalls zu schützen, ist die Beherrschung der Kunst der Entspannung. Damit können Sofortmaßnahmen überflüssig werden, da eine rechtzeitig angewandte Entspannungsübung dem Anfall zuvorkommt.

»Wenn Sie entspannt sind, können Sie keine Angst haben«, sagt Dr. Donald F. Klein, Leiter der Psychiatrischen Forschung am New York State Psychiatric Institute.

Wenn Sie feststellen, daß Sie bei dem Gedanken, sich einer Sache oder Situation zu stellen, die Ihnen Angst macht, verkrampfen, machen Sie sich das Prinzip ›Ganz ruhig bleiben!‹ zur Parole.

Leichter gesagt als getan?

Im Grunde nicht. Es gibt viele Wege, um gelassen zu bleiben. Und das Schöne daran ist, daß Sie dabei nicht unbedingt Hilfe von außen brauchen. *Sie können es ganz alleine machen.* Dieser Ansatz ist sogar sehr zu empfehlen, da er Ihnen den unschlagbaren Beweis liefert, daß Sie nicht nur Ihre Angst konfrontieren, sondern sie auch tatsächlich *kontrollieren* können.

Dr. Martin E. P. Seligman, Psychologe an der Universität von Pennsylvania, nennt diese Form der Gelassenheit in seinem Buch *Erlernte Hilflosigkeit,* »selbst geschaffene Kontrollierbarkeit... Entspannung, die der Betroffene selbst hervorbringt.«

Keine Pillen, keine Umschläge, keine Anleitung. Sie ganz allein.

Ebenso wie Ihr Verstand Panikgedanken hervorbringt, die Sie in Angst und Schrecken versetzen, kann er trainiert werden, beruhigende Gedanken hervorzubringen, die Angstgefühle ausschalten.

Hier ein kleines Experiment, um Ihnen die Kraft Ihres Geistes zu veranschaulichen. Dr. Erik Peper und Dr. Andrea Schmid vom Zentrum für Interdisziplinäre Wissenschaft an der San Francisco State University haben die Übung erarbeitet, um zu veranschaulichen, wie Sportler die Kraft ihres Geistes einsetzen können, um bessere Leistungen zu erzielen.

Sie brauchen einen Partner, der Ihnen bei diesem Experiment assistiert. Beide stehen einander gegenüber. Nun strecken Sie Ihren Arm aus und legen Ihre Hand – mit der Handfläche nach oben – auf die Schulter des Partners.

Der Partner versucht nun, Ihren Arm im Ellbogengelenk nach unten zu drücken, während Sie Widerstand leisten. Achten Sie auf den Grad Ihres Widerstands und wie schwer es dem Partner fällt, Ihren Arm zu beugen.

Nun wiederholen Sie das Experiment – mit einem großen Unterschied. Bevor Sie Ihren Partner bitten, Ihren Arm zu beugen, schließen Sie die Augen und konzentrieren sich ganz stark auf die Vorstellung, daß Ihr Arm eine dicke Eisenstange ist, die sich weit, kilometerweit über Ihre Hand hinausstreckt. Erst wenn Sie dieses konzentrierte geistige Bild erschaffen haben, bitten Sie Ihren Partner, Ihren Arm wieder zu beugen.

Stellen Sie fest, wie viel größer Ihr Widerstand ist und wie viel mehr Kraft Ihr Freund aufwenden muß, um Ihren Arm zu beugen!

Ebenso wie Ihre innere Einstellung Ihnen hilft, Muskelkraft zu vergrößern, kann das Ihre Atmung tun. Richtiges Atmen wirkt entspannend. Falsches Atmen kann Symptome eines Panikanfalls hervorrufen, weil Ihre Lungen zu wenig Sauerstoff aufnehmen.

Dabei können Ihre Muskeln Natriumlaktat produzieren, eine chemische Substanz, die bei vielen Menschen eine Panikattacke auslöst...

Machen Sie den Atemtest

Setzen Sie sich auf einen Stuhl. Ihre Hände hängen locker an Ihrer Seite. Nun schnipsen Sie abwechselnd mit den Fingern jeder Hand im Abstand von einer Sekunde. Bei jedem Schnipsen bewegen sich Ihre Augen in die Richtung des Schnipsens.

Wenn Sie also die Finger Ihrer rechten Hand schnipsen, bewegen sich Ihre Augäpfel extrem weit nach rechts. Wenn Sie mit den Fingern Ihrer linken Hand schnipsen, bewegen Sie Ihre Augäpfel extrem weit nach links.

Führen Sie die Übung rasch aus, jede Sekunde ein Schnipsen, und wiederholen Sie das Schnipsen mindestens zehn Mal und öfter, wenn Sie es aushalten.

Sie werden in Atemnot geraten, beinahe so, als bekämen Sie einen Panikanfall!

Sie verlieren die Kontrolle über Ihre Atmung und halten vielleicht sogar die Luft an, wenn Sie schnipsen und blikken, schnipsen und blicken, immer wieder.

Durch den Sauerstoffmangel beschleunigt sich Ihr Herzschlag. Und wenn Sie Ihren Blutdruck messen, werden Sie feststellen, daß auch er gestiegen ist.

Wenn Sie mehr Sauerstoff aufnehmen, verjagen Sie Angstgefühle. Sie entspannen sich. Damit versetzen Sie sich in die Lage, Ihre Angst zu konfrontieren.

Atemübungen können also viel zur Entspannung beitragen. Manche Übungen behagen Ihnen vielleicht mehr als andere. Hier eine kleine Auswahl. Alle basieren auf dem gleichen Prinzip, beschreiten jedoch verschiedene Wege, um den gleichen Effekt zu erzielen.

Wie atmet man richtig

Ein Spezialist im Biofeedback (mehr darüber später), Howard Kay, lehrt Patienten in seinem Biofeedback-Entwicklungszentrum in Forest Hills, New York, wie man richtiges Atmen von falschem Atmen unterscheidet.

»Legen Sie eine Hand auf Ihre Brust, die andere auf Ihren Bauch«, sagt er. »Nun atmen Sie langsam ein und aus, ein und aus.

Wenn Sie richtig atmen, bleibt die Hand auf Ihrer Brust ruhig liegen. Nur die Hand auf Ihrem Bauch hebt und senkt sich mit jedem Atemzug.«

Versuchen Sie es selbst.

Versuchen Sie es im Sitzen. Versuchen Sie es im Liegen. Wenn Sie damit Schwierigkeiten haben, konzentrieren Sie sich auf die Kraft Ihres Geistes.

Formen Sie einen Ballon

Stellen Sie sich vor, in Ihrem Bauch ist ein Luftballon, den Sie aufblasen und danach die Luft ablassen.

Stellen Sie sich weiterhin vor, von Ihrer Kehle führt ein durchsichtiger Schlauch, durch den die Luft ungehindert fließen kann, in diesen Ballon.

Nun setzen Sie sich aufrecht in einen bequemen Stuhl und schließen Sie die Augen. Legen Sie wie gehabt eine Hand auf die Brust, die andere auf den Bauch.

Atmen Sie tief durch die Nase ein, ganz langsam; Sie spüren förmlich, wie der Luftstrom durch den Schlauch fließt und den Luftballon aufbläst. Ihre Brust bewegt sich dabei nicht, nur Ihr Bauch wölbt sich, wenn der Ballon sich füllt.

Jetzt lassen Sie die Luft aus dem Ballon, indem Sie sehr langsam durch den Mund ausatmen. Auch jetzt sollten Sie spüren, wie die Luft durch den Schlauch nach oben steigt, wenn der Ballon in Ihrem Bauch sich leert.

Nehmen Sie sich für diese Atemübung Zeit. Hetzen Sie nicht, sonst beginnen Sie zu keuchen, was die Wirkung völlig aufheben würde. Wenn Sie die Übung langsam, bewußt machen, sich zwischen den Atemzügen Zeit lassen, werden Sie sich ganz entspannen.

Üben Sie so lange, bis Sie richtig und automatisch, ohne Zuhilfenahme einer Bildvorstellung, atmen können.

Atemübungen können einen wunderbar beruhigenden Einfluß haben, wenn sie angewendet werden, bevor Sie eine Sache konfrontieren, vor der Sie sich fürchten – sei es ein Telefonat, ein Rendezvous, eine Autofahrt, etc. In der Platzangst bewähren sich Atemübungen besonders, um das anfängliche Gefühl einer nahenden Panik auszuschalten, oder zumindest herabzusetzen, wenn der Agoraphobiker aus einem dringenden Grund seine Wohnung verlassen muß.

Atemübungen werden noch wirksamer, wenn Sie sich auf ein heilsames Wort dabei konzentrieren. Durch dieses Element der Autosuggestion fügen Sie Ihrer Atemübung ein Überzeugungsmoment hinzu, das Sie in die Lage versetzt...

Ihre Angst auszuatmen

Ja, buchstäblich und im übertragenen Sinn. Sie fügen Ihrer Atemübung bestimmte überzeugende Worte bei. Diese Kombination erschafft einen nahezu hypnotischen Zustand, der die Entspannungswirkung erhöht.

Während Ihrer Atemübung – langsam, bewußt, wiederholte Male – flüstern Sie sich bei jedem Atemholen das Wort ›Mut!‹ zu und bei jedem Ausatmen das Wort ›Angst!‹

Sie atmen Mut ein und atmen Angst aus!

Die Technik ist so einfach, daß Sie sie für absurd halten mögen. Wenn Sie jedoch ernsthaft damit umgehen und in der festen Absicht, etwas damit zu bewirken, dann funktioniert sie auch.

Hier zwei Variationen zur gleichen Technik mit anderen

Worten. Vielleicht sagt Ihnen eine davon besser zu, als die soeben erklärte.

Setzen Sie sich wieder bequem hin. Holen Sie tief Luft, halten Sie die Luft einige Sekunden an, atmen Sie langsam aus.

Doch diesmal denken Sie bei jedem Zug, den Sie einatmen und bei jedem Zug, den Sie ausatmen das Wort: *Ruhig!*

›Ruhig‹ ein, ›ruhig‹ aus, ›ruhig‹ ein, ›ruhig‹ aus, und so weiter, etwa 20 Sekunden lang. Schließen Sie dabei die Augen, um nicht abgelenkt zu werden. Wenn Sie am Ende der Übung die Augen wieder öffnen und sich nicht völlig ruhig fühlen, wiederholen Sie die Übung.

Nun die zweite Variation. Sie eignet sich besonders für Menschen, die Sinn für Humor haben, da sie einen zum Lachen bringen kann. Und es gibt kaum etwas Entspannenderes als ein herzhaftes Lachen. Machen Sie es sich wieder bequem und schließen Sie die Augen. Atmen Sie tief ein, halten Sie die Luft an und atmen Sie langsam aus.

Diesmal gibt es zwei Änderungen bei der Übung. Erstens, ballen Sie bei jedem Einatmen beide Hände zu Fäusten. Beim Ausatmen lassen Sie wieder locker.

Zweitens, stoßen Sie bei jedem Ausatmen mit dem Lokkerlassen der Fäuste ein lautes ›*Ha!*‹ aus. Beim Einatmen Fäuste ballen und beim Ausatmen loslassen und ›Ha‹ sagen – bis Sie lächeln oder vielleicht sogar lachen müssen!

Daran können Sie sehen, ob diese Technik für Sie die richtige ist.

Strategische Worte können die Wirkung einer Atemübung verstärken. Worte allein können aber auch wirkungsvoll sein, wenn sie auf der Basis einer Meditationstechnik benutzt werden. Dr. Ilan Kutz und ein Team von Forschungswissenschaftlern am Institut für Verhaltensmedizin am Boston Beth Israel Hospital stellten fest, daß Entspannung erreicht wird »durch Begrenzung der Aufmerksamkeit auf einen einzelnen wiederholten Stimulus... und wenn Ihre Gedanken wandern, lenken Sie Ihre Aufmerksamkeit wieder auf dieses Wort«.

Ein Geheimwort

Es ist deshalb geheim, weil Sie es ausgesucht haben und nur Sie wissen, was es heißt. Es soll kein Wort sein, das eine emotionale Bedeutung für Sie hat. Es soll ein Wort ohne jegliche Bedeutung sein, eine Eigenschöpfung, ein sinnloses Wort, wie ›skutsch‹, ›whup‹ und ›bink‹, nur um Ihnen eine Vorstellung von seiner Inhaltslosigkeit zu vermitteln. Alle diese Worte sind einsilbig, da man sich auf eine Silbe am besten konzentrieren kann.

Das gilt allerdings auch nicht für jeden. Manchen ist ein Satz lieber, ein kurzer Reim oder das, was in der transzendentalen Meditation als ›Mantra‹ bezeichnet wird.

Für transzendentale Meditation und Yoga, den Meditationswegen zur Tiefenentspannung, müssen Sie die Fähigkeit besitzen, alles bis auf dieses Geheimwort aus Ihrem Kopf zu verbannen. Richten Sie Ihre ganze Aufmerksamkeit auf das Wort und wiederholen Sie es immer wieder.

Wichtig ist, daß Sie eine wirklich bequeme Stellung einnehmen, bevor Sie diese Übung beginnen. Ob Sie sitzen oder stehen ist egal, solange Sie sich wirklich wohl dabei fühlen.

Der Raum soll nicht zu hell sein, Ihre Augen sind geschlossen, und bevor Sie das Wort in Ihren Geist projizieren oder es sich laut vorsagen, malen Sie sich eine völlig friedliche Szene aus. Lassen Sie zu, daß Ihr Geist sich damit füllt, präziser gesagt, daß die Szene deutlich vor Ihrem geistigen Auge steht. Das mag die Vorstellung ziehender Wolken sein, ein sanft plätschernder Bach, eine sommerliche Blumenwiese, was immer Ihnen friedlich und trostspendend erscheint.

Nun lassen Sie allmählich zu, daß sich dieses Wort zu dem geistigen Bild gesellt; es soll sich über diese schöne Landschaft breiten, wenn Sie es leise, aber hörbar aussprechen. Konzentrieren Sie sich auf dieses Wort. Wiederholen Sie es immer wieder, bis es Ihre ganze Aufmerksamkeit gefangennimmt. Dabei wird Ihr Geist leer, blank, nichts ist mehr da, nur das wiederholte Echo dieses Wortes.

Nach einer gewissen Zeit, vielleicht nach 10 oder 15 Minuten, erreichen Sie eine tiefe Entspannung; vielleicht sogar einen Zustand, der als vierte Dimension des Bewußtseins bezeichnet wird, der weder Schlaf noch Traum, noch Wachen ist. Sie sind in einen Zustand der Tiefenentspannung eingetreten, aus dem Sie jederzeit auftauchen können, indem Sie einfach aufhören, Ihr magisches Wort zu wiederholen und somit Ablenkung von außen zulassen.

Sie tauchen jedoch mit einer klaren Wahrnehmung der Realität auf, die anstelle der falschen Wahrnehmung tritt, durch die phobische Angst gekennzeichnet ist.

Erwarten Sie jedoch nicht, diesen Zustand der Entspannung beim ersten Versuch zu erreichen. Diese Technik erfordert wie die meisten anderen, Übung, Übung, Übung. Wenn Ihnen diese Technik besonders zusagt, sollten Sie sich zweimal 15 Minuten pro Tag freihalten, um sie auszuführen.

Für die erste Sitzung eignet sich am besten eine Viertelstunde nach dem Frühstück, bevor Sie den Tag beginnen. Die zweite Sitzung sollte nach dem Abendessen stattfinden, bevor Sie mit den Aktivitäten, die Sie für den Abend geplant haben, beginnen.

Auch wenn Sie die Technik noch nicht völlig beherrschen, sollte sie immer dann ausgeführt werden, wenn Sie mit einer phobischen Sache oder Situation konfrontiert sind, um Ihren Angstpegel herabzusetzen. Sie werden nicht in phobischer Angst erstarren, auch wenn Sie sich nicht so gelassen fühlen, wie Sie es gerne hätten. Wenigstens fühlen Sie sich so beruhigt, daß Sie das tun können, was Sie gern tun wollen.

Fällt es Ihnen jedoch zu schwer, den Grad an Konzentration zu erreichen, der für diese Form der Entspannung notwendig ist, finden Sie vielleicht einen schnelleren Weg zur Entspannung über...

Das Metronom

Es muß kein kostspieliger Taktmesser sein, sollte jedoch einen klaren, regelmäßigen Schlag haben. Und man sollte verschiedene Taktmaße einstellen können. Das Gerät muß wie gesagt nicht allzu präzise sein, sollte jedoch nicht von einem Schlag zum nächsten das Tempo wechseln.

Dr. Joseph Wolpe, ein berühmter Psychiater und Pionier in der Verhaltenstherapie, entdeckte diese Entspannungstechnik an der Temple Universität, Philadelphia. Hier einige Anregungen, wie Sie damit zu Hause umgehen können, wenn Sie von unnötiger Angst befallen werden.

Stellen Sie das Pendel so ein, daß es langsam – 60 Schläge pro Minute – hin und her schwingt. Sodann schalten Sie die Lichter aus oder ziehen die Vorhänge vor. Jetzt machen Sie es sich bequem und stellen das Metronom neben sich auf einen Tisch.

Setzen Sie das Metronom in Bewegung.

Mit jedem Schlag sagen Sie sich folgende Worte vor, eine Silbe bei jedem Schlag: »Ent-spann... Laß-los... Ent-spann... Laß-los... Ent-spann... Laß-los...« und so weiter.

Bleiben Sie im Takt des Metronoms – eine Silbe zu jedem Schlag. Das Regelmäßige, Wiederholende dieser Übung – gleichbleibend, kein Hoch, kein Tief – übt eine beruhigende Wirkung aus.

Führen Sie diese Übung 15 Minuten lang durch.

Haben Sie diese Technik mehrere Male geübt, können Sie auf die Worte verzichten. Sie brauchen dann nur noch das Metronom. Das sanfte Ticken genügt, um Sie zu entspannen — und Sie werden diesen Zustand in kürzerer Zeit erreichen.

Und wenn Sie einmal entspannt sind, wird die Aussicht, sich Ihrer Angst zu stellen, Sie nicht mehr in Panik versetzen. Da Sie genügend Unruhe abschütteln konnten, um Ihre Angst einzugrenzen und mit ihr umzugehen.

Entspannungstraining, mit welcher Methode auch immer, gibt Ihnen ein zuverlässiges Mittel in die Hand, die Kontrolle über Ihre Phobie wieder zurückzugewinnen. Doch nicht jede Methode ist für jeden gleichermaßen anwendbar. Jeder Mensch ist eine eigene Persönlichkeit, auch Menschen, die unter der gleichen Phobie leiden, unterscheiden sich voneinander.

Das ist der Grund, warum Ihnen eine Auswahl von Entspannungsübungen vorgestellt werden muß, um Ihnen die Möglichkeit zu geben, sie alle auszuprobieren, um solche zu wählen, die Ihnen am angenehmsten, geeignetsten und wirksamsten erscheinen.

Hier eine Übung, mit der Familientherapeuten gern arbeiten. Die Übung bewirkt eine tiefe Muskelentspannung im ganzen Körper, was eine gleichermaßen beruhigende Wirkung auf Seele und Geist hat.

Totale Körperentspannung

Die Übung besteht aus zehn Stufen. Sie erfordert Zeit und Mühe. Sie kann überall, zu Hause oder im Büro durchgeführt werden. Wenn Sie einen Fitneß-Club oder die Sauna besuchen, sind dies geeignete Orte.

Für Notsituationen ist sie nicht geeignet. Das Ziel besteht darin, Ihnen — durch wiederholtes Praktizieren — ein allgemeines Gefühl der Entspannung zu vermitteln, das Ihre Anfälligkeit für phobische Ängste herabsetzt und vielleicht ein Anfang zur Dauerheilung ist.

Bevor Sie die Übung beginnen, achten Sie darauf, daß

Sie lockere, bequeme Kleidung tragen. Nichts soll Sie beengen oder einschnüren. Die Übung kann auch nackt durchgeführt werden, wenn der Raum warm genug und Sie ungestört sind.

Denken Sie daran, daß Sie nicht ohne Pause von einer Stufe zur nächsten springen dürfen. *Zwischen den Stufen müssen Sie 20 Sekunden pausieren und ruhen!* Wenn Sie bereit sind, legen Sie sich hin.

Nachfolgend die zehn Stufen zur totalen Körperentspannung.

1. Schließen Sie die Augen und machen Sie einige tiefe Atemzüge. Wählen Sie eine der vorangehend beschriebenen Übungen.
   Wiederholen Sie die Übung fünfmal.
   RUHEN SIE 20 SEKUNDEN MIT GESCHLOSSENEN AUGEN.

2. Ballen Sie Ihre rechte Hand zur Faust, winkeln Sie den rechten Arm bis zur Schulter an und spannen Sie dabei die Muskeln. Öffnen Sie die Faust und lassen Sie den Arm entspannt sinken.
   Wiederholen Sie die Übung dreimal.
   RUHEN SIE 20 SEKUNDEN MIT GESCHLOSSENEN AUGEN.

3. Ballen Sie die linke Faust, winkeln Sie den linken Arm bis zur Schulter an und spannen Sie die Muskeln. Öffnen Sie die Faust, lassen Sie den Arm entspannt sinken.
   Wiederholen Sie die Übung dreimal.
   RUHEN SIE 20 SEKUNDEN MIT GESCHLOSSENEN AUGEN.

4. Spannen Sie die untere Gesichtshälfte und den Hals an, indem Sie den Mund breit ziehen und die Zähne

aufeinanderbeißen. Locker lassen und entspannen.
Dreimal wiederholen.
RUHEN SIE 20 SEKUNDEN MIT GESCHLOSSENEN AUGEN.

5. Spannen Sie die obere Gesichtshälfte, indem Sie die Stirn nach oben ziehen. Halten Sie die Spannung einige Sekunden. Locker lassen und entspannen.
Dreimal wiederholen.
RUHEN SIE 20 SEKUNDEN MIT GESCHLOSSENEN AUGEN.

6. Ziehen Sie die Schultern so fest Sie können bis zu den Ohren hoch. Locker lassen.
Dreimal wiederholen.
RUHEN SIE 20 SEKUNDEN MIT GESCHLOSSENEN AUGEN.

7. Spannen Sie Brust und Bauch. Ziehen Sie den Bauch fest ein. Locker lassen.
Dreimal wiederholen.
RUHEN SIE 20 SEKUNDEN MIT GESCHLOSSENEN AUGEN.

8. Schieben Sie das rechte Bein nach vorne und strecken Sie die Zehen so weit Sie können von sich. Spüren Sie, wie Ihre Beinmuskeln sich spannen. Locker lassen und entspannen.
Dreimal wiederholen.
RUHEN SIE 20 SEKUNDEN MIT GESCHLOSSENEN AUGEN.

9. Schieben Sie Ihr linkes Bein nach vorne und strecken Sie die Zehen so weit Sie können von sich. Spüren Sie, wie Ihre Beinmuskeln sich spannen. Locker lassen und entspannen.

Dreimal wiederholen.
RUHEN SIE 20 SEKUNDEN MIT GESCHLOSSENEN AUGEN.

10. Spannen Sie den ganzen Körper, wobei Sie alle vorangegangenen Schritte auf einmal machen, beide Fäuste ballen, beide Arme spannen, Gesicht und Hals, Brust und Bauch und beide Beine spannen.
Halten Sie diese gesamte Körperspannung 10 Sekunden.
Lockerlassen und entspannen.
BLEIBEN SIE LIEGEN, ÖFFNEN SIE DIE AUGEN UND GENIESSEN SIE DAS GEFÜHL DER TOTALEN KÖRPERENTSPANNUNG SO LANGE SIE ES WÜNSCHEN ODER SO LANGE SIE ZEIT HABEN.

Wenn Sie ein Tonbandgerät haben...

Besprechen Sie eine Tonbandkassette und geben sich selbst die Anweisungen für jeden der zehn Schritte. Vergessen Sie nicht die Anweisung, wie oft jeder Schritt zu wiederholen ist.

Am allerwichtigsten ist die Gedächtnishilfe, 20 Sekunden mit geschlossenen Augen zu ruhen. LASSEN SIE 20 SEKUNDEN TONBAND LEER, BEVOR SIE ZUM NÄCHSTEN SCHRITT ÜBERGEHEN!

Damit haben Sie eine *Entspannungskassette für den Selbstunterricht* zur Verfügung. Das bietet Ihnen einen direkteren Weg, die Technik zu erlernen und zu üben, als die einzelnen Schritte auswendig zu lernen.

Interessanterweise lassen manche Leute einen Partner, Ehemann oder Freund (Ehefrau oder Freundin) die Aufzeichnung besprechen. Vielleicht übt die Stimme eines vertrauten Menschen eine suggestivere Kraft aus als die eigene

Stimme. Das ist eine Frage des persönlichen Geschmacks. Entspannung kann nicht nur vor dem Eintreten einer gefürchteten Situation eine beruhigende Wirkung ausüben, sondern natürlich auch hinterher. Entspannung *nach* einer traumatischen Begebenheit kann ihre phobischen Wirkungen herabsetzen, somit der Entwicklung einer Phobie vorbeugen und ihre mögliche Ausweitung in eine allumfassende Platzangst verhindern.

In unserer modernen Gesellschaft, in der überall neue Ängste lauern, ist die Fähigkeit zur Entspannung von höchster Wichtigkeit, um sich krankhafter Angst vor Krebs, Homosexualität oder Kernenergie zu stellen.

Vor allem aber kann Entspannung lebensrettend sein für Opfer von Raubüberfällen oder Diebstählen, die nicht nur den Verlust persönlicher Werte zu beklagen, sondern körperliche Gewaltanwendung zu verkraften haben. Möglicherweise tragen sie dauerhafte psychische Narben und Schäden davon und können ihre phobische Angst vor Verbrechen nur schwer abbauen.

Angst vor Verbrechen (Kriminophobie)

Der davon Betroffene glaubt, daß überall Verbrechen lauern und wagt sich nirgendwo mehr hin, da er glaubt, zur Zielscheibe eines neuen Anschlags zu werden.

Natürlich gibt es viele Verbrechen, doch das Verbrechen lauert nicht überall. Und auch dort, wo es ein Übermaß an Verbrechen gibt, ist die Wahrnehmung des Phobikers einer Gefahrensituation wesentlich größer als die Gefahr selbst.

Ed Koch, der Bürgermeister von New York, unterstrich, daß die psychologische Wirkung der Kriminalität in der Subway durch die Beengung sehr verstärkt wird:

»Man kann nicht weglaufen, ist allein und extrem angreifbar«, sagte er. »Dadurch steigert sich die Angst in Kopf, Herz, Bauch und Magen.

Auf der Straße ist die Gefahr nicht geringer, doch da hat man wenigstens Platz.«

Niemand bestreitet, daß die New Yorker Untergrundbahn kein sicherer Aufenthaltsort ist, doch davon darf das Leben eines Menschen nicht beherrscht werden. Wir müssen unsere Wahrnehmungen unter Kontrolle halten, um zwar wachsam und vorsichtig zu sein, aber nicht phobisch zu werden.

Wer das nicht schafft, kann vor Angst krank werden, entweder durch die ständigen Nachrichten über Verbrechen oder weil er selbst Opfer eines Verbrechens wurde.

Dr. Gilbert Geis, Soziologe und Verbrechensexperte interviewte über hundert Verbrechensopfer am California State College und folgerte daraus: »Häufig verändert sich ihr Leben, da sie durch Angst traumatisiert wurden. Sie kreisen die Welt ein, in der sie leben und beschneiden dadurch bewußt ihre Freiheiten.

Sie überlegen es sich zweimal, bevor sie einen Aufzug besteigen, oder gehen viele Treppen zu Fuß hoch, um keinen Aufzug benutzen zu müssen. Sie bringen drei und vier Sicherheitsschlösser an ihren Wohnungstüren an. Manche kaufen sich Waffen.

Nach dem Schock, beraubt oder bestohlen worden zu sein oder nur zu erfahren, daß einem Bekannten das widerfahren ist, sehen sie die Welt anders, weit ängstlicher.«

Manche reagieren heftiger als andere. Ein nervöser Mensch kann durch Angst, die zu phobischen Proportionen angewachsen ist, völlig aus der Bahn geworfen werden. Doch auch ein kühler, klardenkender Mensch gerät ernsthaft aus den Fugen, wenn er unvorhergesehen einer Gewalttat oder einer Gewaltandrohung ausgesetzt wurde.

Die New Yorker Psychologin Dr. Lee R. Steiner, die sich in ganz Amerika Ansehen erworben hat, entwickelte eine ungewöhnliche psychische Entspannungstechnik, um mit den Nachwirkungen eines Raubüberfalls fertig zu werden, dessen Opfer sie geworden war.

»Ich wurde dazu erzogen, nie Angst zu haben«, sagt sie. »Ich hatte nie Angst, weder zu Hause noch auf der Straße. Ich hatte oft spät abends Aufzeichnungen von Radio- oder Fernsehsendungen und ging um zwei Uhr nachts alleine nach Hause, ohne mir etwas dabei zu denken.«

Was geschah, daß sich diese Einstellung änderte?

»Eines Abends besuchte ich ein Konzert in der Carnegie Hall, die nicht weit von meiner Wohnung entfernt liegt. Auf dem Heimweg war ich blendender Stimmung«, erinnert sie sich, »ich summte vor mich hin und erledigte Einkäufe in einem Feinkostgeschäft, das die ganze Nacht geöffnet hat. Das war eineinhalb Blocks von meiner Wohnung entfernt.

Immer noch summend bog ich in meine Straße ein, die um diese Zeit dunkel und unbelebt war. Ich trug eine Tüte mit Lebensmitteln in einem Arm, meine Handtasche in der anderen und dachte nur an die wunderschöne Musik. Dann plötzlich aus dem Nichts... erhielt ich einen Schlag auf den Kopf.

Ich sah Sterne und spürte, wie ich auf den Gehsteig stürzte. Mein Arm wurde mir fast aus dem Schultergelenk gerissen und in dem Sekundenbruchteil, bevor ich das Bewußtsein verlor, sah ich eine schemenhafte Gestalt, die mir die Handtasche entriß.«

Sie hatte lange Zeit Kopfschmerzen. Später erfuhr sie, daß sie mit einem sandgefüllten Gummischlauch oder Strumpf geschlagen worden war was keine sichtbaren Spuren auf der Schädeldecke hinterläßt. Sie trug jedoch eine Quetschwunde unter der Kopfhaut davon. Mit der Zeit heilte diese Wunde, ohne bleibende Schäden zu hinterlassen.

Was nicht so schnell heilte, waren ihre seelischen Wunden. Erstaunlicherweise stellte sich jedoch keine sofortige psychische Reaktion ein.

»Es war das erste Mal in meinem Leben, daß Gewalt gegen mich angewendet wurde, und ich wußte nicht, wie ich damit umgehen sollte«, erklärt sie. »Die ganze Sache ging über mein Verständnis, bis ich eines Nachts in kaltem Schweiß gebadet voller Panik aufwachte; das wiederholte sich Nacht für Nacht, wochenlang.«

Als Psychologin fiel es ihr leichter als einem Durchschnittsmenschen, Mittel und Wege zu finden, um ihre Paniksymptome zu bekämpfen, doch sie sagt: »Ich glaube, ein von Natur aus ängstlicher Mensch aus behüteten bürgerlichen Verhältnissen, der nicht an Gewalt gewöhnt ist, kann nach einer solchen traumatischen Erfahrung verrückt werden.«

Hier eine Adaptation der psychischen Entspannungstechnik, die Dr. Steiner entwickelte, um phobische Angst nach einem traumatischen Erlebnis in Gelassenheit umzuwandeln.

Eines der Schlüsselelemente dieser Technik ist eine Entspannungsübung mit der Bezeichnung...

Countdown zur Realität

Dr. Steiner schildert sie als Methode zur seelischen Heilung, die Nervensystem und Gehirn in einen Zustand optimaler Ausgeglichenheit und Ruhe versetzt.

Wählen Sie dafür einen ruhigen Ort. Ob im Haus oder im Freien, ist egal, solange Sie nicht abgelenkt werden. Setzen Sie sich bequem in einen Stuhl, oder wenn Sie im Freien sind, sitzen Sie vielleicht lieber im Gras, an einen Baumstamm gelehnt. Wichtig ist, daß Sie sich wohl fühlen.

Strecken Sie die Beine von sich, die Füße ruhen auf den Fersen, so daß die Gelenke frei beweglich sind und Sie mit den Zehen wackeln können.

Nun richten Sie Ihren Blick geradeaus auf einen unbeweglichen Gegenstand. Egal, was es ist, wichtig ist, daß Ihre Augen sich darauf ausruhen können und der Gegenstand sich nicht bewegt.

Halten Sie den Blick darauf gerichtet, während Sie tiefe Atemübungen machen, wie sie bereits beschrieben wurden. Wenn Sie einen Gegenstand lange ansehen und tief und gleichmäßig atmen, entspannen Sie sich so, daß Sie bald den Wunsch haben, die Augen zu schließen.

Mit geschlossenen Augen, zu Beginn eines Entspannungszustandes, atmen Sie wieder normal. Überlassen Sie sich Ihrer Phantasie. Stellen Sie sich einen völlig friedlichen Ort – im Himmel oder auf Erden – vor. Konzentrieren Sie sich immer intensiver auf dieses Bild, bis Sie völlig in dieser friedlichen Umgebung aufgehen.

Und nun kommt der Countdown, der Sie in einen noch tieferen Zustand der Entspannung versetzt. Wenn Sie danach ein Höchstmaß an Entspannung erreicht haben, spüren Sie eine warme Flut psychischer Energie, die Ihren Geist und Ihren Körper durchströmt.

Zunächst zählen Sie sehr langsam von fünfzehn bis null rückwärts, da Sie nach unten tauchen, nicht nach oben gehen – hinab in immer tiefere Entspannung.

Steht das wunderschöne Bild deutlich vor Ihrem geistigen Auge und sind Sie körperlich entspannt, intensivieren Sie Ihre Konzentration durch Zählen – leise und langsam – und denken an nichts anderes. Sie haben nur das schöne Bild vor Augen und zählen... 15... 14... 13... bis Sie bei null sind.

Wenn Sie diese Methode beherrschen, können Sie sich geistig und körperlich entspannen und sich von irrationalen oder unnötigen Ängsten befreien.

Das erfordert regelmäßige Praxis. Dr. Steiner empfiehlt eine halbe Stunde täglich, zwei Wochen lang, um Ihre geistig-seelische Energie zu stärken und zu erreichen, daß Sie mit Hilfe dieser Selbstheilungs-Entspannungstechnik die phobischen Nachwirkungen eines traumatischen Erlebnisses auslöschen.

Nun sehen wir uns die andere Seite der Medaille an – wie wertvoll Entspannung als beruhigende Maßnahme *vor* einer angsterregenden Erfahrung ist, der Sie lieber nicht begegnen würden.

Es gibt jedoch Situationen, in denen ein solches Ausweichen nicht möglich oder nicht wünschenswert ist.

Wenn Sie fliegen müssen

Leserbriefe in den Reisebeilagen von Zeitungen und Zeitschriften bestehen häufig aus Anfragen nach anderen Verkehrsmitteln an Orte, die eigentlich nur mit dem Flugzeug zu erreichen sind.

Leider steht den Aerophobikern häufig keine geeignete Ausweichmöglichkeit zur Verfügung, oder diese ist mit großen Schwierigkeiten und hohen Geldausgaben verbunden.

Eine verzweifelte Aerophobikerin schrieb in einem solchen Brief, daß sie aus Angst vor dem Fliegen ihre kranken Eltern in Puerto Rico nicht besuchen kann; sie wollte wissen, ob von New Jersey eine andere Reisemöglichkeit bestünde.

Die einzige andere Möglichkeit wäre natürlich der Seeweg, doch es gibt keinen regulären Schiffsverkehr. Sie müßte entweder zu einem unbezahlbaren Preis ein Schiff chartern oder mit einer Schiffahrtsgesellschaft vereinbaren, sie in Puerto Rico abzusetzen und dort wieder abzuholen.

Ein solches Geschäft auszuhandeln wäre mühsam und sehr kostspielig und die vereinbarten Termine wären mit hohem Risiko verbunden.

Der eingefleischte Aerophobiker würde all diese Schwierigkeiten in Kauf nehmen, um nicht fliegen zu müssen.

Das muß nicht sein. Eine sorgfältig durchgeführte Entspannungsübung – vor der Buchung des Fluges – kann die Erwartungsangst auf ein Maß reduzieren, daß der Flug für den Betroffenen möglich wird.

Trotz aller Horrorgeschichten, die man zu diesem Thema hört und liest und im Fernsehen zu sehen bekommt. Natürlich gibt es Abstürze, Beinahe-Zusammenstöße, Flugzeugentführungen und Bombendrohungen. Daraus bestehen Sensationsmeldungen. Die vielen tausend Flüge, die täglich ohne Zwischenfälle ablaufen, bieten keinen Stoff für Schlagzeilen.

Die Sicherheitsmaßnahmen der Flughäfen wurden verschärft und die Fluggesellschaften reagieren auf den leisesten Verdacht, etwas könne nicht in Ordnung sein.

Um nur ein Beispiel zu nennen: Eine Maschine wurde unmittelbar nach dem Start zurückgerufen, als die Fluggesellschaft erfuhr, daß ein Passagier die Maschine in letzter Sekunde vor dem Start überstürzt verlassen hatte, sein Gepäck sich aber noch in der Maschine befand.

Die Fluggäste wurden aus dem Flugzeug gebracht und ein Bomben-Suchtrupp durchsuchte die Maschine und das gesamte Gepäck an Bord aufs gründlichste. Erst dann stellte sich heraus, daß dem Fluggast, der die Maschine verlassen hatte, furchtbar schlecht geworden war. Er hatte keine Bombe an Bord geschmuggelt. Er konnte nur den Gedanken nicht ertragen, fliegen zu müssen. In letzter Minute hatte seine starke Flugangst bei ihm eine Panik ausgelöst!

Hätte dieser bedauernswerte Mann als beruhigende Vorbeugemaßnahme Entspannungsübungen gemacht, wäre ihm diese extreme Panikreaktion wahrscheinlich erspart geblieben. Und mit Sicherheit hätte er den anderen Reisenden und der Crew eine Menge Unruhe und Besorgnis – eine absolut natürliche Reaktion auf einen Vorfall dieser Art, auch unter Nicht-Phobikern – erspart.

»Das Leben birgt immer irgendwelche Gefahren«, sagt Captain Tom Bunn, ein Pilot der United Airlines, der Kassetten zur Benutzung zu Hause entwickelt hat für Menschen, die unter Flugangst leiden, die nicht persönlich an seinen Seminaren gegen Flugangst teilnehmen können.

»Alles, was Sie tun, ist gefährlich, Tag für Tag. Nichts ist absolut sicher, eine andere Einstellung wäre Selbstbetrug.«

Er bestreitet nicht, daß Fliegen gewisse Gefahren birgt, unterstreicht aber, aus den Statistiken gehe klar hervor, daß »kein anderes Verkehrsmittel – weder Autos, noch Züge, nicht einmal das Zufußgehen – sich mit einer modernen Verkehrsmaschine auch nur annähernd an Sicherheit messen kann«.

Warum leiden dann so viele Menschen an Flugangst?

»Das sind Menschen, die an sich selbst unrealistisch hohe Anforderungen stellen«, sagt er. »Sie sind sehr um ihr Selbstbild bemüht. Und im Sinne eines positiven Selbstbildes glauben sie, in der Lage sein zu müssen, alles zu tun, ohne irgendwelche Gefühle zu zeigen.

Was sie spüren, ist Angst. Das ist ganz natürlich, völlig normal. Sie sind auch intelligenter und phantasievoller als die meisten Menschen.

Sie halten es nicht für klug, sich in eine Situation zu begeben, die sie nicht völlig beherrschen, und ihre Phantasie und Vorstellungskraft bringt sie zur Überzeugung, daß die schlimmste Katastrophe sie treffen muß. Sie versuchen, das Unkontrollierbare zu kontrollieren, dadurch verstärkt sich ihre Angst in einem Maß, daß sie davon beherrscht werden.

Die unrealistische Wahrnehmung versetzt ihren Körper in einen Zustand der Wachsamkeit und ruft Symptome hervor, die alle phobischen Menschen kennen – beschleunigte Atmung, Herzrasen, kalte Schweißausbrüche, weiße Fingerknöchel und weiche Knie.«

Um diese quälenden phobischen Reaktionen auszuschalten, müssen die Betroffenen wissen, daß ihre Angst, wie groß sie auch sein mag, nicht ewig dauert.

»Könnten Sie diese Angst aus Ihrem Kopf nehmen, sie auf den Tisch legen und mit einem Lineal messen«, sagt Captain Bunn, »dann würden Sie sehen, wie klein sie in Wahrheit ist, und wie groß Sie sind. Nur Ihre Phantasie macht Ihre Angst so groß. In Wahrheit hat sie eine Grenze und kann nur bis zu dieser Grenze und nicht weiter wachsen.

Statt Ihre gesamte Energie darauf zu verwenden, die Situation zu kontrollieren und als Folge körperliche Symptome zu entwickeln, lassen Sie los. Nur wenn Sie loslassen, haben Sie Ihr Leben wirklich unter Kontrolle. Überlassen Sie es dem Piloten, sich um die Maschine zu kümmern. Er ist der Fachmann, nicht Sie. Und er ist an seinem Wohlergehen nicht weniger interessiert als Sie an Ihrem.«

Bereiten Sie sich vor, bevor Sie einen Flug buchen.

Eine Zwei-Phasen-Entspannungstechnik

Phase eins ist eine einfache Atemübung, die den Beginn der Entspannung darstellt.

Setzen Sie sich bequem, ohne die Beine übereinanderzuschlagen oder die Arme zu verschränken. Auch wenn Sie das Bedürfnis danach haben, tun Sie es nicht, da Sie damit eine Abwehrhaltung einnehmen. Lassen Sie Ihre Abwehr fallen und geben Sie die Kontrolle auf. Stellen Sie Ihre Füße auf den Fußboden und lassen Sie Ihre Arme locker hängen.

Nun atmen Sie ein, halten Sie die Luft an und zählen Sie »tausendeins, tausendzwei, tausenddrei« – das dauert etwa drei Sekunden. Dann atmen Sie langsam aus.

Machen Sie eine kurze Pause, bevor Sie die Atemübung sechsmal wiederholen.

Phase zwei ist eine einfache Bewegungsübung. Lassen Sie die Arme locker hängen und die Hände baumeln.

Nun schütteln Sie Hände, Gelenke und Arme, als seien sie Flügel eines Vogels. Machen Sie das zwölfmal. Dann legen Sie eine Pause ein.

Nun lassen Sie Ihre Schultern kreisen, zuerst eine Kreisbewegung nach vorn, dann eine Kreisbewegung nach hinten. Diese Übung löst die Spannung in Ihren Nackenmuskeln. Sechsmal Schulterkreisen nach vorn, dann sechsmal Schulterkreisen nach hinten.

Sie fühlen sich entspannt und unter Kontrolle, ohne sich wirklich bewußt um Kontrolle bemüht zu haben. Mit einiger Übung reduziert dieses Training Ihre Angst auf ein Maß, das Ihnen erlaubt, ein Flugzeug zu besteigen.

Und hier ein Plus – diese Übung können Sie im Flugzeug *während des Fluges* ausführen, um Restspannungen abzubauen, die durch Fluggeräusche, Lautsprecheransagen von Pilot und Flugpersonal, dem Surren der Triebwerke und den dumpfen Schlägen des Fahrwerks bei Start und Landung aktiviert werden.

Denken Sie an die Wichtigkeit von Entspannungsübungen als Beruhigungsfaktoren vor, während und nach einer angsterzeugenden Situation.

Und vergessen Sie nicht: der Schlüssel zur Entspannung liegt in der Übung. Wenden Sie die Technik an, die Ihnen am besten zusagt und bleiben Sie dabei. Und wenn Sie zu Hause feststellen, daß Angst und Spannung sich aufbauen, weil Sie etwas tun müssen, wovor Sie Angst haben, benutzen Sie Gedächtnishilfen, die Sie an strategisch wichtigen Stellen angebracht haben...

Rote Fähnchen

Besorgen Sie sich einen Stapel Selbstklebe-Etiketten und schreiben Sie mit rotem Filzstift drauf: »Mache eine Entspannungsübung!«

Diese Etiketten bringen Sie an strategischen Punkten an, wo Sie möglicherweise bei einer angsterzeugenden Tätigkeit Symptome entwickeln.

Wenn Sie nervös sind, das Telefon zu beantworten, oder Sie ein Telefonat führen müssen, kleben Sie ein Etikett an Ihren Telefonapparat in der Wohnung. Wenn Sie Angst bekommen, wenn die Türklingel schrillt oder Sie die Wohnung verlassen müssen, kleben Sie ein rotes Alarmfähnchen an die Tür und an die Wand auf dem Weg zur Tür. Wenn Sie zittern, weil Sie den Hund ausführen müssen, kleben Sie ein Alarmfähnchen an sein Halsband.

Schauen Sie sich um nach Stellen, wo Sie sich angreifbar fühlen, etwa im Badezimmer oder in eine Kammer eingeschlossen zu werden. Bringen Sie auch dort rote Alarmfähnchen an.

Solche Maßnahmen werden Ihre Phobie nicht heilen, aber sie helfen, ihre quälenden Folgen zu erleichtern. Vorübergehend zumindest, bis Sie dauerhafte Heilung finden.

7. Kapitel

Wie Sie dauerhaft Kontrolle übernehmen

Manche Phobien lassen sich nicht allein mit Soforthilfemaßnahmen oder Entspannungsübungen beheben. Solche Maßnahmen bieten nur vorübergehend Erleichterung bei starker phobischer Erwartungshaltung, die zum Bestandteil des Phobikerlebens geworden ist.

Wenn Sie dieser Kategorie angehören, betrachten Sie die vorangegangenen Kapitel als Einleitung zur Heilung – welcher Phobie auch immer. Nun wollen wir uns mit Therapiemaßnahmen befassen – von hervorragenden Phobiespezialisten entwickelt und erprobt –, die genau das sind, was Sie brauchen, um Ihre Phobie für immer loszuwerden.

Dieses Kapitel beginnt da, wo die anderen aufhören. Hier werden Ihnen eine Reihe von Behandlungsformen genannt, da es mehr Wege zur Heilung einer Phobie gibt als nur einen.

Welcher ist der richtige für Sie?

Das kommt ganz auf den Grad Ihrer Phobie und auf Ihre Persönlichkeit an. Sie erhalten Tips, die Ihnen auch darüber Aufschluß geben. Von besonderer Hilfe sind Fragen, die Sie sich selbst stellen können. Zum Beispiel...

Halten Sie sich für eine sehr selbständige Person? Sind Sie ein Pillenschlucker, der beim ersten Anzeichen einer Erkältung oder von Kopfschmerzen sofort zum Aspirin greift? Fühlen Sie sich wohler dabei, Anweisungen zu bekommen, als sie zu geben? Haben Sie Sinn für Humor? Sind Sie ein Trendsetter? Sind Sie ein High-Tech-Fan? Legen Sie großen Wert auf Gesundheit und Fitneß? Wie beeinflußbar sind Sie?

Ihre Antworten auf diese und weitere Fragen können

Ihnen helfen, die für Sie sinnvollste und geeignetste Technik zu bestimmen.

Vielleicht stellen Sie auch fest, daß verschiedene Techniken, gemeinsam angewendet, wirksamer und geeigneter sind.

Da Sie ein Einzelwesen sind, was immer Sie auch mit anderen phobischen Menschen gemeinsam haben mögen, brauchen Sie verschiedene Vorschläge. Phobietherapie hilft immer, wobei manche Methoden wirksamer sind als andere.

Dr. Arnold Binder, der Programme für Sozialökologie und Psychologie an der Universität von Kalifornien in Irvine entwickelt, weist darauf hin, daß Menschen dazu neigen, eine Therapietechnik zu wählen, die im Einklang mit ihrem Lebensstil steht, da diese »von Glaube, Hoffnung und Erfolgserwartung getragen sein muß, um wirksam zu werden«.

Sie können also keinen Fehler machen, welche Methode Sie auch wählen. *Sie* wissen, was für *Sie* am besten ist! Ihre außerordentliche Empfindsamkeit, die Sie primär zum Phobiker machte, kann auch dazu beitragen, Sie von der Phobie zu erlösen.

Einige professionelle Therapietechniken basieren auf Do-it-yourself-Methoden für jene, die die Dinge gern selbst in die Hand nehmen. Andere wieder ziehen fachmännische Hilfe vor. Wieder andere brauchen Hilfe von außen, da der Schwerpunkt der von ihnen gewählten Technik in medizinischen oder technischen Bereichen liegt, um Erfolg und Sicherheit des Patienten zu garantieren.

Bevor Sie sich zu einer wie immer gearteten Phobiebehandlung entschließen, sollten Sie sich einer gründlichen ärztlichen Untersuchung unterziehen.

»Sie müssen wissen, womit Sie es zu tun haben«, sagt Dr. Marshall Primack, Leiter der Abteilung Innere Medizin am New York State Psychiatric Institute, der außerdem eine Privatpraxis in Manhattan unterhält.

Er nennt das Fallbeispiel einer Frau mittleren Alters, die über Panikanfälle klagte. Bei einer ärztlichen Untersuchung stellte sich heraus, daß sie an einer Überfunktion der Schilddrüse litt. Nachdem diese Störung behoben war, verschwanden auch ihre Panikanfälle.

Die Funktionsstörung der Schilddrüse hatte die Angst erzeugt, die wiederum Panikattacken auslöste. Nach richtiger ärztlicher Behandlung kann jede verbliebene Angst oder Phobie mit einer der vielen Phobietechniken therapiert werden.

Nur ein sehr erfahrener Arzt kann phobische Symptome von organischen Krankheitssymptomen unterscheiden, die denen eines Phobie- oder Panikanfalls sehr ähnlich sind. Sie müssen Gewißheit haben, daß Ihr Schwindelgefühl oder Ihre Gleichgewichtsstörungen nicht von einer Mittelohrentzündung hervorgerufen werden, daß Ihr Nesselausschlag und Ihre Atemnot nicht das Ergebnis einer Allergie auf Blattgrün oder andere Lebensmittel sind oder Ihr Herzklopfen und Ihre Schmerzen in der Brust nicht auf eine Herzkrankheit zurückzuführen sind.

Zunächst gilt es also, die Möglichkeit einer organischen Krankheit auszuschalten. Dann erst unternehmen Sie alles, um sich von der Phobie zu befreien, die für Ihre quälenden Symptome verantwortlich sind.

»Es kommt nicht darauf an, wie lange Sie unter einer Phobie leiden«, sagt Dr. Robert DuPont von der Georgetown Universität, »sondern wie ernst es Ihnen ist, sie loszuwerden, und wieviel Energie Sie darauf verwenden.«

Vielfach bewährt hat sich eine Methode, die der Störung Schritt für Schritt zu Leibe rückt.

Die ›Stufenleiter‹-Methode

Eine Technik, die Sie selbst anwenden können, wenn Sie eine starke Vorstellungskraft besitzen und eine der im vorangegangenen Kapitel beschriebenen Entspannungsübungen beherrschen.

Der Fachbegriff lautet systematische Desensibilisierung. Einfacher ausgedrückt bedeutet das, Ihre Angst Schritt um Schritt zu konfrontieren – wobei Sie mit dem am wenigsten Bedrohlichen beginnen und sich bis zum höchsten Grad der Bedrohung hinaufarbeiten. Während Sie die Leiter Stufe um Stufe hinaufsteigen, entspannen Sie sich auf jeder Sprosse.

Dabei setzen Sie sich der angstbelasteten Sache oder Situation gar nicht wirklich aus. Es geschieht über Ihre visuelle Vorstellungskraft. Sie stellen sich die wachsende Bedrohung – Stufe um Stufe – vor, während Sie die ›Stufenleiter‹ hinaufsteigen, die Sie sich selbst gebaut haben.

Angenommen, Sie haben Angst vor Brücken. Fragen Sie sich, was Sie an Brücken am wenigsten ängstigt und was Ihnen am meisten Angst macht. Angefangen von der geringsten bis zur stärksten Angstsituation erstellen Sie eine Liste zunehmend bedrohlicher werdender Faktoren. An der Spitze Ihrer ›Stufenleiter‹ steht das Schlimmste, was Ihrer Meinung nach passieren kann.

Setzen Sie beliebig viele Sprossen in die Leiter, so viele Sie eben brauchen, um in der Lage zu sein, die oberste Sprosse ohne Angstgefühle zu erreichen. Der Aufstieg erfolgt schrittweise. Vergessen Sie nicht, auf jeder erreichten Sprosse völlig zu entspannen.

Falls Sie in Panik geraten, bevor Sie den nächsten Schritt tun, gehen Sie zur ersten Stufe *zurück und beginnen von vorne!*

Nachfolgend eine typische ›Stufenleiter‹ gegen eine Brückenphobie. Beginnen Sie damit, sich in einen bequemen Stuhl zu setzen, verdunkeln Sie das Zimmer und leeren Sie Ihren Kopf von allen störenden Gedanken. Danach machen Sie eine einleitende Entspannungsübung, um Ihre Muskeln zu entspannen. Erst jetzt sind Sie bereit, Ihre Brückenphobie zu desensibilisieren, indem Sie die immer bedrohlicher werdenden Sprossen Ihrer ›Stufenleiter‹ erklimmen:

1. Stellen Sie sich vor, an einer Brücke *vorbeizufahren*.
ENTSPANNEN.

2. Stellen Sie sich vor, auf eine Brücke *zuzufahren*.
ENTSPANNEN.

3. Stellen Sie sich vor, *über* eine Brücke *zu fahren*.
ENTSPANNEN.

4. Stellen Sie sich vor, die Brücke *schwankt* im Wind.
ENTSPANNEN.

5. Stellen Sie sich vor, Sie bleiben auf der Brücke *stecken*.
ENTSPANNEN.

6. Stellen Sie sich vor, Sie *haben eine Panne* auf der Brücke – und sind der einzige Wagen auf der Brücke.

Wenn Sie bei Erreichen der letzten Stufe immer noch gelassen sind, sollten Sie in der Lage sein, ohne Angst über eine Brücke zu fahren. Fahren Sie beim ersten Mal in Begleitung eines Freundes oder Verwandten, dem Sie vertrauen.

Diese Technik abwechselnder Visualisierung und Entspannung ist ein systematischer Ansatz, mit dem auch andere Phobien überwunden werden können, doch zuvor müssen Sie den Sachverhalt, den Sie am meisten fürchten, benennen und an ihm arbeiten.

Mit anderen Worten, wenn Sie an mehreren Phobien leiden – das tun die meisten Phobiker – und eine losgeworden sind, nämlich die, die Ihnen am meisten zu schaffen gemacht hat – verschwinden die anderen mit ihr oder werden zumindest erträglicher, und Sie können sie mit der gleichen Technik loswerden.

Vielleicht ist Ihre Vorstellungskraft nicht lebhaft genug, um die ›Stufenleiter‹ anwenden zu können. Wenn das der Fall ist, brauchen Sie vielleicht Hilfe von jemand, der Sie – Schritt um Schritt – in eine wirklich phobische Situation führt.

Die ›Partner‹-Methode

Sie beruht auf einer Technik, die der Psychiater Dr. Manuel Zane in seiner Phobieklinik am White Plains Medical Center in New York erarbeitet hat.

Ein Fachtherapeut oder ein geheilter Phobiker, aber auch ein fürsorglicher Freund (Freundin) oder Verwandter kann Ihnen als Partner Rückhalt geben. Sich eine phobische Situation vorzustellen, ist eine Sache, sich tatsächlich hineinzubegeben eine andere. Das schaffen Sie nicht allein.

Dennoch benutzen Sie das ›Stufenleiter‹-Prinzip, um allmählich zum Kern Ihrer phobischen Angst vorzudringen. Sie beginnen mit Dingen, die keine große Angst bei Ihnen auslösen, und arbeiten sich systematisch vor, bis Sie den Punkt erreicht haben, an dem Ihnen auch stark angstbelastete Situationen nichts mehr anhaben können.

Statt der Entspannungsübungen nach Erreichen jeder Stufe wenden Sie eine der Schnellstrategien an, um die irrationalen Angstgedanken in Schach zu halten, die Ihr Erreichen der nächsten Stufe bedrohen. Jede der in einem der vorangegangenen Kapitel beschriebenen Soforthilfemaßnahmen kann Ihnen über das Hindernis hinweghelfen und ausreichend Rückhalt geben, damit Sie – gemeinsam mit einem Partner – die nächste Sprosse der Leiter ins Auge fassen können.

Hier ein Beispiel, wie diese Version der ›Partnermethode‹ bei einem Klaustrophobiker, der in Aufzügen in Panik gerät, wirkt. Zunächst wählen Sie sich eine geeignete Begleitperson, um die Stufenleiter der Schwierigkeitsgrade in Angriff zu nehmen.

1. Betreten Sie mit Ihrer Begleitperson die Halle eines Gebäudes, eines Wohnhauses oder Bürogebäudes, in dem sich ein Aufzug befindet.

2. Nähern Sie sich langsam dem Aufzug.

3. Drücken Sie die ›Aufwärts‹-Taste. Wenn der Aufzug kommt, sehen Sie zu, wie sich die Türen öffnen, treten aber nicht ein.

4. Drücken Sie erneut die ›Aufwärts‹-Taste, doch diesmal betreten Sie den Lift und fahren in die erste Etage, steigen aus und gehen die Treppe in die Halle hinunter.

5. Wieder in der Halle drücken Sie die ›Aufwärts‹-Taste und fahren mit dem Lift bis in die oberste Etage und wieder zurück in die Halle.

Damit ist der Zyklus abgeschlossen. Sie haben die oberste Sprosse Ihrer ›Stufenleiter‹ erreicht — nicht in Ihrer Vorstellung, sondern in Wirklichkeit — mit Unterstützung eines Menschen Ihres Vertrauens *und* mit einigen Sofortmaßnahmen, die es Ihnen ermöglichten, die nächste Sprosse zu erreichen. Nun müßten Sie in der Lage sein, alleine im Lift zu fahren.

Bei der Auswahl Ihrer Begleitperson ist es wichtig, jemand zu wählen, der Ihnen Mut zuspricht, die nächste Sprosse anzugehen, und Sie zu jedem Ihrer Fortschritte beglückwünscht.

Es gibt noch eine andere Form, die ›Stufenleiter‹-Methode anzuwenden — ohne Begleitperson, und dennoch nicht völlig allein. Denn Sie haben einen Begleiter — dieser Begleiter ist ein Tonbandgerät.

Die ›Von-mir-zu-mir‹-Methode

Mit Hilfe eines Tonbandgeräts bauen Sie sich eine ›Stufenleiter‹, die Sie vom geringsten bis zum schlimmsten Aspekt Ihrer Phobie führt — mit jeweils 20 Sekunden Pause zwischen den einzelnen Stufen!

In diesen zwanzig Sekunden müssen Sie keine Entspannungsübungen machen oder einen der Soforthilfe-Tricks anwenden. In der Pause denken Sie darüber nach, wie Sie auf eine *unvollständige Aussage,* die Sie aufgezeichnet haben, reagieren.

Nehmen wir an, Sie leiden unter Flugangst. Schreiben Sie nun ziemlich genau auf, was Ihnen unangenehm ist, wenn Sie in eine Verkehrsmaschine steigen. Bringen Sie die einzelnen Punkte in die richtige Reihenfolge, so daß die Liste von der geringsten bis zur größten Bedrohung reicht, wie der vorangegangene Aufbau der ›Stufenleiter‹ es veranschaulicht. Zum Beispiel:

»Wenn ich ans Fliegen denke, beginne ich zu schwitzen. Auf der Fahrt zum Flughafen bekomme ich Herzklopfen. Beim Anblick des Flugzeugs gerate ich in Panik. Im Flugzeug fühle ich mich gefangen, wenn ich den Sicherheitsgurt festmache. Wenn die Triebwerke aufheulen, beginnt mein Kopf zu hämmern. Beim Abheben bekomme ich keine Luft. Wenn der Flug unruhig ist, fürchte ich, in Ohnmacht zu fallen. Wenn die Maschine zur Landung ansetzt, bin ich sicher, daß ich sterben muß. Erst wenn die Maschine gelandet ist und zum Stehen kommt, geht es mir endlich wieder gut.«

Das ist eine ausführliche Schilderung von Flugangst. Diese Punkte übertragen Sie nun auf Tonband. Sprechen Sie das, was Sie aufgeschrieben haben, ins Mikrophon — *bevor Sie Ihre Angstreaktion beschreiben, machen Sie eine Pause von zwanzig Sekunden.* Dann fahren Sie mit dem Bericht fort.

Wenn Sie sich das Band vorspielen, denken Sie in den

zwanzig Sekunden Leerband über die Angst nach, die Sie in den einzelnen Phasen Ihres erdachten Fluges erleben. Sie werden beim Abspielen des Bandes feststellen, daß Sie Ihre Angst Schritt um Schritt abbauen. Sie gewöhnen sich in kleinen Schritten an Situationen, die Ihnen Angst einjagen, und allmählich ruft eine nach der anderen weniger Angst hervor, bis Sie schließlich auch von der schlimmsten Angst, die Sie sich vorstellen können, befreit sind.

Hier ein Beispiel, wie Sie das Tonband zur oben genannten Beschreibung erstellen. »Wenn ich ans (ZWANZIG SEKUNDEN LEERBAND) Fliegen denke, beginne ich (ZWANZIG SEKUNDEN LEERBAND) zu schwitzen. Auf der Fahrt zum Flughafen beginnt mein Herz (ZWANZIG SEKUNDEN LEERBAND) schneller zu schlagen. Beim Anblick der Maschine gerate ich (ZWANZIG SEKUNDEN LEERBAND) in Panik...« Und so weiter.

Egal zu welchen der ›Stufenleiter‹-Methoden Sie sich entschließen (vielleicht zu allen?), wenn Sie es bis zur obersten Sprosse schaffen, auch wenn etwas schiefgeht und Sie sich *verletzlich, aber nicht von Panik ergriffen* fühlen, können Sie sich dazu beglückwünschen, Ihre Phobie überwunden zu haben!

Üben technische Geräte Faszination auf Sie aus? Machen Sie Ihre Fitneß-Gymnastik lieber an Geräten, mit deren Hilfe Sie Beuge- und Streckübungen ausführen? Sind Sie ein Fan von Computern und anderen High-Tech-Geräten?

Wenn Sie diese Fragen mit Ja beantworten, sind Sie vielleicht der richtige Kandidat für...

Die ›High-Tech‹-Methode

Die Fachbezeichnung ist Biofeedback. Damit erreichen Sie Kontrolle über phobische Symptome, die Ihren Geist und Ihren Körper belasten, weil Sie erfahren, was unter Ihrer Haut und in Ihrem Kopf vorgeht.

Das geschieht auf völlig schmerzlose und unmerkliche Weise, da Sie an elektronische Instrumente angeschlossen werden, wobei ein Biofeedback-Experte Ihnen zur Seite steht und Anleitungen gibt.

Um die Arbeitsweise zu verstehen, vergessen Sie alle technischen Geräte für einen Augenblick und hören Sie zu, wie der Therapeut Howard Kay die Methode erklärt.

»Auch ein Blick in den Spiegel«, sagt er, »gibt Ihnen Biofeedback. Der Spiegel reflektiert Informationen, die Sie sofort verstehen und auswerten können.

Ein Blick sagt Ihnen, ob Ihr Make-up, Ihr Haar in Ordnung ist, Ihr Kleid gut sitzt. Wenn nicht, können Sie anhand der Informationen Ihres Spiegelbildes Veränderungen vornehmen. In gleicher Weise können Sie Ihr Verhalten über das Feedback, das Sie nicht von einem Spiegel, sondern von elektronischen Instrumenten erhalten, verändern.«

Auf Ihre Haut, an Stirn und Händen werden winzige Sensoren angebracht und an Geräte angeschlossen, die winzige Veränderungen der Muskelspannung, Gehirnwellen, Hauttemperatur und Schweißdrüsenaktivität messen. Sie spüren nichts. Es besteht keine Gefahr eines elektrischen Schocks. Nach Beendigung der Sitzung werden die Sensoren wieder völlig schmerzlos entfernt.

Während der Behandlung sitzen Sie in einem bequemen Stuhl, hören Geräusche, die sich in Ton oder Höhenlage verändern, und sehen Licht, das seine Farbe und Helligkeit verändert – all diese Veränderungen sind Reflexionen der biologischen Signale Ihres Körpers und Gehirns.

Sie tun nichts, außer den Geräuschen zuzuhören und den Lichteffekten zuzusehen. Sind die Geräusche zu laut, wäre es Ihnen vielleicht lieber, sie wären leiser oder würden völlig aufhören. Wenn das Licht grellrot flackert, wünschen Sie sich vielleicht, es würde nicht flackern und die Farbe wechseln.

Sie brauchen sich diese Veränderungen nur zu wünschen

und sie werden eintreten. Das geschieht durch ein Phänomen, das Howard Kay ›passive Teilnahme‹ nennt.

»Sie unternehmen keine aktiven Schritte, um Veränderungen herbeizuführen«, sagt er. »Sie nehmen am Vorgang lediglich als Beobachter teil.«

Dr. Elliott Wineburg ist Psychiater, Hypnotiseur und Leiter der Associated Biofeedback Medical Group in New York City. Er vergleicht Biofeedback-Training mit dem Lernprozeß des Radfahrens.

»Wenn Sie zum ersten Mal ein Fahrrad besteigen, haben Sie Schwierigkeiten, die Balance zu halten«, sagt er. »Beim zweiten Versuch schaffen Sie es, im Sattel zu bleiben. Von da an halten Sie immer das Gleichgewicht, wenn Sie Ihr Fahrrad besteigen. Sie wissen nicht, warum Sie dazu in der Lage sind, es ist einfach eine Tatsache.

Biofeedback funktioniert genau so. Wir verwenden lediglich modernste Geräte, um biologische Signale über Computer festzuhalten und in eine Videoaufzeichnung umzuwandeln, die dem Patienten das Feedback auf einem Bildschirm gibt.«

Sie sehen eine Zickzack-Linie. Gleichzeitig wird das Geräusch, das Sie über Kopfhörer hören, lauter und leiser. Je tiefer die Linie, desto leiser das Geräusch, desto lobender Ihr Therapeut: »Sehen Sie, wo Sie jetzt sind, das ist sehr, sehr gut!«

Ja, Sie haben recht, wenn Sie erraten haben, daß Belohnung und Strafe, auch operante Konditionierung genannt, bei Biofeedback eine Rolle spielt. Deshalb brauchen Sie zu den elektronischen Instrumenten eine Begleitperson, die Ihnen sagt, in welcher Weise Sie Ihre Aufmerksamkeit bei den Feedback-Anregungen halten.

Das Bemerkenswerte an der Biofeedback-Therapie ist, daß sie wirkt, ohne daß der Patient dabei aktiv etwas tut. Nicht jeder spricht darauf an. Doch wenn sie bei Ihnen wirkt, so merken Sie es, auch wenn Sie nicht wissen, warum; Ihre Angstgefühle sind einfach verschwunden.

Biofeedback-Spezialisten zufolge können Sie sich Ihre Angst buchstäblich durch Ihre Finger rinnen lassen. Das geschieht einfach, indem Sie Ihre Finger erwärmen.

»Es ist unmöglich, warme Finger und gleichzeitig eine Panikreaktion zu haben«, sagt Dr. Wineburg.

»Wenn ich Patienten beibringen kann, ihre Finger zu wärmen, erschaffen sie das Gegenteil einer Alarmreaktion. Und sobald sie gelernt haben, wie das funktioniert, können sie sich jederzeit darauf berufen, um die biologischen Mechanismen zu unterbrechen, die früher zu einer Panikreaktion führten.«

Probieren Sie es selbst aus. Hier alles, was Sie darüber wissen müssen:

Die ›Fingerspitzen‹-Methode

Das Prinzip des Fingerspitzenwärmens beruht auf der Anregung der periphären Blutzirkulation. Darauf verstehen sich die Yogis in Indien sehr gut. Sie können ihre Hauttemperatur in solcher Feinabstimmung verändern, daß ein Finger warm und der andere kühl wird, so sehr haben sie ihre Körperfunktionen unter Kontrolle.

Diese Kontrolle erstreckt sich auch auf ihre erstaunliche Fähigkeit, jeden Punkt ihres Körpers und Nervensystems in Tiefenentspannung zu versetzen. Irgendwie gelingt es ihnen, die Botschaften, die von ihrem Gehirn in alle Körperteile gelangen, zu verändern und ein Höchstmaß an Gelassenheit zu erreichen, was genau das Gegenteil von phobischer Angst und Panik ist.

Zum Sachverhalt des Fingerwärmens erklärt der Biofeedback-Experte Howard Kay: »Die normale Außenhauttemperatur liegt bei 30,5 bis 31,5° C. Mit sinkender Temperatur verengen sich die Blutgefäße und der Angstpegel steigt.«

Um den Angstpegel zu reduzieren, muß die Hauttemperatur erhöht werden. Wenn Sie das bei Ihren Fingern zuwege bringen, steht Ihnen damit die einfachste und billigste Biofeedback-Technik zur Verfügung!

Kaufen Sie ein gewöhnliches Außenthermometer, das auch Temperaturen über 38° C anzeigt. Es muß unten eine Kugel haben, die Sie zwischen Daumen und Zeigefinger halten können.

Schütteln Sie die Quecksilbersäule des Thermometers nach unten, je tiefer um so besser, damit Sie den Anstieg deutlich verfolgen können. Es sollte nicht höher als 25° C anzeigen.

Nun nehmen Sie die Kugel zwischen Daumen und Zeigefinger. Sie wollen, daß die Temperatur über 32° C ansteigt, je höher, desto besser. Alles, was Sie tun können, ist, den Vorsatz zu fassen, daß es geschieht, mehr nicht. Sie halten die Thermometerkugel zwischen den Fingern und beobachten den Anstieg der Quecksilbersäule. Das ist Biofeedback.

Bedienen Sie sich dieser Technik immer, wenn Ihnen danach zumute ist, oder wenn Sie unbegründete Angstgefühle überfallen oder Gefühle des Entsetzens, die in keinem Verhältnis zur tatsächlichen Situation stehen.

Die Feedback-Theorie besagt, je höher Sie die Temperatur Ihrer Fingerspitzen über 32° C ansteigen lassen, desto mehr haben Sie Ihre Gefühle und die daraus folgenden körperlichen Symptome unter Kontrolle.

Wenn Sie diese Übung regelmäßig durchführen, werden Sie bald ohne Thermometer auskommen und Ihre Fingerspitzen mit Ihrer Willenskraft erwärmen, ohne daß Sie das Feedback des Thermometers brauchen.

Nun kommen wir zu einer Methode der Phobiebekämpfung, die sich besonders für leicht beeinflußbare Menschen eignet. Diese Methode nennt sich...

Die ›bewußtseinsüberschreitende‹ Methode

»Hypnose«, so Dr. Elliot Wineburg, »versetzt Sie in einen bewußtseinsüberschreitenden Zustand. Als liege Ihr Geist unter einem Vergrößerungsglas, das alle Einzelheiten deutlicher sichtbar werden läßt.

Sie bewährt sich sehr gut bei Patienten, die nicht sonderlich auf Biofeedback ansprechen und ist für manche Phobiker als ausschließliche Therapie wirksam.«

Viel hängt davon ab, wie beeinflußbar Sie sind, da dieser Faktor darüber entscheidet, wie leicht zu hypnotisieren Sie sind. Hier ein kleiner Test, der Ihnen hilft, das selbst herauszufinden. Dabei brauchen Sie die Hilfe einer Person, deren Autorität Sie schätzen.

Diese Person gibt Ihnen Anweisung, Ihre Hände fest zu verschränken. Das tun Sie.

Nun macht sie Ihnen klar, daß Ihre Hände, nachdem er von eins bis zehn gezählt hat, wie angeklebt aneinanderhaften!

Sind Sie beeinflußbar, fällt es Ihnen schwer, ist es Ihnen vielleicht beinahe unmöglich, Ihre Hände zu trennen, nachdem er bis zehn gezählt hat. In diesem Fall können Sie sich als geeignet betrachten, sich durch Hypnose von Ihrer phobischen Angst heilen zu lassen.

Welchen Hypnosetherapeuten Sie auch aufsuchen, er wird im Grunde in drei Phasen vorgehen: 1. Er versetzt Sie allmählich in einen Zustand der Trance. 2. In diesem Zustand gibt er Ihnen Suggestionen, sich zu entspannen und Ihre phobischen Wahrnehmungen zu verändern. 3. Er gibt Ihnen post-hypnotische Suggestionen, um die positiven Effekte auch nachdem er sie aus der Trance geholt hat, wirksam werden zu lassen.

Dr. Wineburg, ehemals Präsident der New York Society for Clinical Hypnosis, sagt, eine post-hypnotische Suggestion kann durch eine simple Aussage erfolgen, etwa: »Immer wenn Sie die Gegenwart von Angst verspüren, wischen Sie sie einfach fort, indem Sie sich mit der Hand über die Stirn wischen, so wie ich es jetzt tue; das wird Sie beruhigen.«

Am Vorgang der Hypnose ist eigentlich gar nichts Geheimnisvolles. Sie beruht auf der ständigen Wiederholung eines monotonen Monologes: »Du wirst müde, müde, schläfrig, schläfrig...« Wenn Sie beinflußbar sind, werden Sie müde und schläfrig!

Die post-hypnotischen Suggestionen sind es, die weiterwirken und den Behandlungsverlauf bekräftigen und Ihre phobischen Ängste ausschalten. Die Magie der vom Hypnotiseur gesprochenen Worte wirkt auf Ihre Suggestibilität und wird zur positiven Kraft, die sich Ihren Symptomen phobischer Angst entgegenstellt.

Ihr Hypnose-Therapeut bespricht vielleicht ein spezielles Band für Sie, mit dem Sie sich zu Hause selbst hypnotisieren; wichtig ist, daß der Therapeut ein Alarmsystem einbaut, mit dem Sie aus einem hypnotischen Trancezustand, in den Sie sich selbst gebracht haben, wieder auftauchen können. Das muß nicht mehr sein, als eine post-hypnotische Suggestion, die Sie nicht nur aus der Trance holt, sondern Sie auch in die Lage versetzt, realistisch mit Ihrem beängstigendsten Phobie-Symptom umzugehen.

Das Zauberwort allein ist jedoch für manche Phobieopfer nicht unbedingt ausreichend. Sie ziehen vielleicht die ›Wunderwirkung‹ einer Pille vor, besonders, wenn Sie unter Panikattacken und den lähmenden Folgen der Agoraphobie leiden.

Die moderne Medizin macht das möglich.

Die ›Anti-Panik-Pillen‹-Methode

Wenige Dinge im Leben sind schrecklicher als ein plötzlicher Panikanfall, für den es keine erklärliche Ursache gibt. Die Haut juckt, fühlt sich abwechselnd heiß und kalt an, der Kopf dreht sich vor Schwindelgefühl und das Herz klopft laut in der Brust.

Die Wirkungen auf Herz und Gefäße sind für Dr. Drew Gaffney von besonderem Interesse, der nicht nur als Kardiologe am Health Science Center der Universität von Texas in Dallas Angststörungen erforscht, sondern auch den Besatzungen der Raumfähren als Betreuer zugeteilt wurde, um Forschungsarbeiten für die NASA durchzuführen.

»Bei Menschen, die Angst bekommen, treten Herzsymptome auf«, sagt Dr. Gaffney, »weil das Herz zu schnell schlägt, um vom ›Computer‹ des Körpers geregelt zu werden.«

Herzklopfen kann durch Herz-Abnormitäten, andere Krankheitszuständen, aber auch lediglich durch eine Panikstörung hervorgerufen werden. Hier muß zunächst eine klare Diagnose erstellt werden.

Besonders bei Frauen tritt häufig ein Mitralklappen-Prolaps auf. Diese meist harmlose Störung der Herzklappe hat oft Ähnlichkeit mit einer Panikreaktion, da etwa die Hälfte der Patienten mit dieser Störung über Herzklopfen klagen. Es handelt sich jedoch um zwei verschiedene Zustände und es ist unklar, welcher, wenn überhaupt, den anderen auslöst. Gemeinsam ist beiden Formen, daß sie behandelbar sind.

Dr. Jack Gorman und seine Kollegen am New York State Psychiatric Institute, dem ältesten medizinischen Forschungsinstitut der Vereinigten Staaten, sagen: »Es ist heute möglich, Panikanfälle bei nahezu allen Patienten mit Panikstörungen und phobischen Vermeidungstendenzen auszuschalten, was diese Störung zu einer der therapiefähigsten, psychiatrischen Erkrankungen macht.«

Wie ist das geschehen?

Mit einer Anti-Panik-Pille!

Man hat herausgefunden, daß *Imipramin,* ein Wirkstoff der sogenannten trizyklischen Antidepressiva, Panikanfälle blockiert.

Solche Medikamente wirken nicht nach der ersten Tablette, die Sie schlucken. Wenn Sie eine solche Pille jedoch nach Vorschrift des Arztes über eine kurze Zeitdauer hinweg einnehmen, kommt der Effekt zum Tragen.

»Viele Patienten mit Panikstörungen und Platzangst können über eine pharmakologische Blockade der Panikanfälle geheilt werden«, sagen die Wissenschaftler des New York State Psychiatric Institute.

Für Patienten, die auf oben genannte Wirkstoffe nicht reagieren, gibt es andere Substanzen, die Monoaminoxidase-Hemmer, die durch ihre antriebssteigernden Eigenschaften wirken.

Diese Substanzen haben die Eigenschaft, das überempfindliche Alarmsystem eines Patienten mit einer phobischen Störung abzuschalten, das beim geringfügigsten Anlaß ausgelöst wird. Mit der Abschaltung des Alarmsystems wird der Panikanfall abgewendet.

Dadurch läßt sich Ihre Unruhe aber vielleicht nicht vollständig beheben. Vielleicht reagieren Sie wie der Herzinfarktpatient, der von den Ärzten für gesund und arbeitsfähig erklärt wurde, sich jedoch nicht aus dem Bett wagt, aus Angst, daß ihm ein neuer Infarkt bevorsteht.

Auch wenn Ihnen versichert wird, daß es zu keiner weiteren Panikreaktion kommt, haben Sie weiterhin *Angst,* dieser Fall könne dennoch eintreten. Die Mediziner nennen das antizipierte Angst, in diesem Fall reicht ein Anti-Panik-Medikament allein nicht aus. Sie müssen gleichzeitig die ›Stufenleiter‹-Methode oder die ›Partner‹-Methode oder eine andere Behandlungsstrategie anwenden, um sich davor zu schützen, von antizipatorischer Angst überfallen zu werden und um Ihre Phobie endgültig zu besiegen.

Es ist überaus wichtig, dies zu bedenken, wenn Panikanfälle Ihre Vermeidungstendenzen so sehr verstärkten, daß Sie zum Agoraphobiker geworden sind. Zunächst eliminieren Sie die Panikanfälle mit dem geeigneten Anti-Panik-Heilmittel, danach wenden Sie eine der anderen besprochenen Behandlungstechniken der systematischen Desensibilisierung an, um sich schließlich von jeglicher unbegründeten Angst und Unruhe zu heilen.

Für die sogenannten einfachen Phobien — Furcht vor einem bestimmten Sachverhalt, etwa vor Höhe, geschlossenen Räumen, oder Tieren — gibt es viele ›Anti-Panik‹-Medikamente, sogenannte Psychosedativa. Sie gehören zur Gruppe der Benzodiazepine, die vor allem auf die Angstsymptomatik Einfluß nehmen.

Sie heilen nicht, können aber Angstsymptome erheblich herabsetzen. Ihr größter Wert liegt vielleicht in der Wertschätzung, die der Phobiker ihnen entgegenbringt. Sie können sie bei sich tragen, ohne sie je einzunehmen, nur um des sicheren Gefühles willen, ein Heilmittel parat zu haben.

Phobiker, die auf die ›Wunderwirkung‹ einer Pille schwören, erhalten vielleicht Hilfe durch neuartige Heilmittel, die *keine* Wirkstoffe einzelner Psychopharmaka-Gruppen enthalten, deren Vorteil aber darin besteht, daß sie die Wirkung körpereigener Anti-Streß-Substanzen, der Endorphine, nachahmen.

Dem Sozialphobiker, der Qualen aussteht, sich in der Öffentlichkeit zu zeigen — zu essen, einen Scheck zu unterschreiben, vor Publikum aufzutreten — kann mit einem völlig anderen ›Anti-Panik‹-Medikament geholfen werden, dem Beta-Blocker. Ursprünglich ein Heilmittel zur Behandlung von Bluthochdruck und Angina pectoris, können damit einige Symptome der Sozialphobie erfolgreich behandelt werden.

Wie Zittern, Schweißausbrüche, Erröten, etc. Das Herz des Sozialphobikers beginnt wild zu schlagen, wenn er einer angsterzeugenden Situation ausgesetzt ist, sei es eine Geschäftsbesprechung oder ein Bühnenauftritt.

Dieses Medikament kann das beschleunigte Herzklopfen und andere Begleitsymptome herabsetzen. Der chemische Wirkstoff ist Propranolol oder Atenolol; beide haben die gleiche Wirkung, die vorwiegend darin besteht, Bühnenangst und Angst, sich in der Öffentlichkeit bloßzustellen, herabzusetzen. Sprechen Sie mit Ihrem Arzt darüber!

Dem Phobiker, der auf die ›Wunder‹ einer medikamentösen Behandlung schwört, stehen also eine Menge Möglichkeiten offen. Es gibt aber auch Phobiker – zu denen Sie vielleicht gehören – die den brennenden Wunsch haben, mehr über sich selbst zu wissen.

Kommt Ihnen diese Einstellung entgegen?

Wenn ja, so ist folgende Behandlung vielleicht genau die richtige für Sie.

Die ›Rede‹-Methode

Ja, Sie haben es erraten. Diese Behandlungstechnik ist besser bekannt als ›Psychotherapie‹ oder deren klassische Form, die ›Psychoanalyse‹.

Manche halten diese Form für veraltet.

Irrtum! Sie ist nur für jene passé, die nicht an eine solche Behandlung glauben, oder nicht den Wunsch haben, tief zu den Wurzeln ihrer phobischen Symptome vorzudringen. Völlig in Ordnung. Möglicherweise trifft das auf Sie nicht zu.

Gehören Sie zu den Menschen, die alle Zusammenhänge hinterfragen wollen: Warum haben Sie gemischte Gefühle Ihrem Ehepartner, Ihren Eltern, Ihren Kindern gegenüber? Warum fühlen Sie sich nervös, obgleich es keinen ersichtlichen Grund dafür gibt? Oder warum müssen Sie mehr Geld ausgeben, als Sie sich leisten können, um sich wohl zu fühlen; oder warum müssen Sie sich kasteien, wenn keine Veranlassung dafür besteht, um sich wohl zu fühlen?

Kurzum, wenn Sie unter inneren angsterzeugenden Konflikten leiden, die für die irrationalen Ängste, die Sie zum Phobiker machen, verantwortlich sein mögen, ist es Ihnen vielleicht lieber, diese Konflikte zu beseitigen, statt lediglich ihre Wirkungen zu behandeln.

In diesem Fall kann eine Psychotherapie genau das sein, was der Arzt Ihnen zur Heilung Ihrer Phobie empfiehlt. Sie können Einzelstunden bei einem medizinisch geschulten Psychoanalytiker einmal in der Woche, besser noch – und so Sie es sich leisten können – drei- bis fünfmal in der Woche nehmen. Vielleicht ist Ihnen die Behandlung bei einem Psychotherapeuten ohne medizinischen Hintergrund lieber, der eine abgeschlossene Ausbildung in Psychologie aufweist, oder nur einen Abschluß als Sozialarbeiter, oder jemand ohne akademischen Titel, der als Heilpraktiker mit psychologischer Ausbildung zugelassen ist.

Wichtig ist, daß Sie einen guten, offenen Kontakt zu Ihrem Therapeuten haben, um die seelischen Hintergründe Ihrer phobischen Symptome besser zu verstehen. Dies geschieht durch ›einsichtorientierte‹ Therapie.

Wenn Sie jemand finden, dem Sie vertrauen und dessen Urteil Sie respektieren, und dieser Person Ihre innersten Gefühle offenbaren – Dinge, die Sie sich selbst nicht einzugestehen wagten – geschweige denn einem Außenstehenden – können Sie damit bereits ein wenig Dampf Ihrer aufgestauten Gefühle ablassen.

Wenn Ihr Therapeut Ihnen eine Auslegung dieser Gefühle gibt, so daß Sie schließlich erkennen, wie sie sich auf Ihre Psyche ausüben, empfinden Sie große Erleichterung. In der Sprache der Psychoanalyse heißt das ›Katharsis‹.

Es ist nichts weiter als das Abladen schmerzlicher, seelischer Lasten, die sich in irrationale Ängste verwandelten und Sie zum Phobiker machten, bevor Ihnen die Zusammenhänge in Begriffen erklärt wurden, die Sie verstehen und verarbeiten konnten.

Für manche ist die ›Sprechkur‹ genau die Behandlung, die sie brauchen. Allein in der Lage zu sein, über die schmerzhaften oder unakzeptierbaren Gedanken, Impulse und Wünsche mit einem aufmerksamen und objektiven

Menschen offen zu reden, kann emotional negative Wirkungen herabsetzen. Und der Einblick in diese Gefühle, die der objektive, emotional unbelastete Therapeut an den Patienten weitergibt, kann ausreichend seelisches Gleichgewicht und Kontrolle wiederherstellen, um die Phobie zu heilen.

Handelt es sich bei Ihrem Problem um Sozialphobie, so werden Sie sich sehr wahrscheinlich immer, wenn Sie in die Öffentlichkeit gehen, Ihres Körpers bewußt sein. Vielleicht werfen Sie sich in die Brust, setzen das Kinn vor und straffen die Schultern, aber damit erreichen Sie nur, daß Sie weiche Knie bekommen und Ihre Unsicherheit sich verstärkt. Es ist falsch, sich auf diese Weise ›geradezuhalten‹.

Eine bessere Methode, um Ihre Phobie über Ihren Körper zu besiegen, ist folgende Technik...

Die ›Kopf-hoch‹-Methode

Sie beruht auf der bemerkenswerten Entdeckung eines Schauspielers namens F. M. Alexander, der vor jedem Auftritt unter Lampenfieber und Heiserkeit litt, der Fachterminus für diese Technik ist die Alexandertechnik.

Berufsmusiker wenden sie an, um Erleichterung von ihren Berufskrankheiten zu finden, vom ›Geigerhals‹ bis zum ›Harfinistenkrampf‹. Und sie wurde von so großen Denkern wie John Dewey, Aldous Huxley und George Bernard Shaw als Geist-und-Körper-Kontrolltechnik propagiert, die das gesamte Nervensystem umschult.

Der große britische Philosoph Alfred North Whitehead unterstrich die Bedeutung, seinen Körper als Instrument zu sehen, dessen reibungslose Funktionsweise die Wahrnehmung der Außenwelt verändern kann. »Unfrieden im Körper«, sagte er, »macht den Zustand, der als geistiger Friede bekannt ist, nahezu unmöglich.«

Es gibt starke Hinweise darauf, daß Menschen, die

unter einer Phobie, besonders Sozialphobie, leiden, ihren Körper nicht richtig benutzen.

»Wir reagieren auf Streß primitiv«, erklärt ein Kommunikationsexperte, der die Alexandertechnik an der Carnegie-Mellon Universität in Pittsburgh lehrt. »Wir legen den Kopf nach hinten, ziehen den Hals ein, die Schultern hoch und schaffen uns damit eine Menge atemtechnischer und anderweitiger körperlicher Probleme.«

Wenn der Körper nicht in Frieden ist, ist es auch der Geist nicht. Das führt zu einer Art psychosozialem Streß, der Sozialphobiker in Panik versetzt, wenn sie im Restaurant essen, einen Scheck unterschreiben, bei einer Geschäftsbesprechung eine Rede halten oder auf der Bühne auftreten.

Niemand kennt das besser als die Pianistin Linda Babits und die Sängerin Hillary Mayers, Leiterinnen der Filialen für Alexandertechnik in New York, die diese Methode in ihrem Studio und in Seminaren in der ganzen Welt lehren.

»Sie müssen Ihren gewohnten Umgang mit Ihrem Körper verändern«, sagt Linda. »Der erste Schritt besteht darin, daß Sie sich bewußt werden, was Sie falsch machen, wenn Sie sitzen oder stehen.

Sie werden entdecken, daß Ihre Kopf- und Schulterhaltung starken Druck auf Hals und Wirbelsäule ausübt. Dadurch verspannen sich Ihre Muskeln, wodurch sich wiederum Ihre Denkweise verkrampft.

Es geht nicht darum, zu lernen, wie man entspannt. Es geht darum, zu lernen, wie Sie Ihren Kopf im Gleichgewicht halten, so daß er auf Ihrer Wirbelsäule schwebt, Druck von den Nerven nimmt und die Harmonie der Muskulatur wieder herstellt.«

Das begreifen Sie am ehesten, wenn Sie es selbst ausprobieren. Am besten, jemand hilft Ihnen dabei, Sie können aber auch alleine zurechtkommen. Befolgen Sie diese einfachen Anweisungen:

1. Stellen Sie sich aufrecht mit leicht gespreizten Beinen hin.

2. Sagen Sie sich: »Ich lasse zu, daß meine Wirbelsäule meinen Körper trägt, daß alles in mir in Harmonie ist.«

3. Nun, da Sie sich bewußt gemacht haben, daß Sie vorhaben, ein Verhaltensmuster zu verändern, halten Sie einen Moment inne und sagen Sie: »Stop!«

4. Damit haben Sie Ihrem Gehirn die Anweisung gegeben, Ihrem Körper zu befehlen, ein altes Verhaltensmuster aufzugeben, da Sie es ändern wollen.

5. Wenn Sie jemand haben, der Ihnen dabei hilft, bitten Sie ihn, eine Hand unter Ihr Kinn zu legen, die andere in Ihren Nacken, sodann Ihren Kopf nach oben und nach vorne zu ziehen, *langsam* ziehen, und einige Sekunden zu halten. Wenn Sie alleine sind, tun Sie es selbst.

6. Jetzt läßt Ihr Freund los, oder Sie lassen los.

7. Sie spüren ein angenehmes Gefühl der Leichtigkeit, kommen sich größer vor und atmen leichter.

Das ist der Kern dessen, was wir hier als ›Kopf-hoch‹-Methode bezeichnen. Sie spüren den Unterschied, doch es bedarf der Übung, bis Sie einen Punkt erreichen, wo Sie es automatisch tun, indem Sie nur aufhören zu denken und ›stop‹ zu Ihrem Gehirn sagen. An diesem Punkt wird Ihr Gehirn Ihrem Körper sagen, was er zu tun hat.

»Der Grund, warum Sie sich bewußt machen müssen, daß Sie etwas tun«, sagt Hillary, »besteht darin, daß Sie eine saubere Tafel brauchen, um etwas Neues anzufangen. Als würden Sie eine neurologische Schultafel löschen. Das tun Sie, indem Sie etwas stoppen, sich etwas bewußt machen, Ihr Gehirn umschulen, damit dieses wiederum Ihren Körper umschult.«

Natürlich erzielen Sie mit Hilfe eines Spezialisten bessere Resultate, der die Technik beherrscht und Ihnen die ganze Skala des Trainings vermitteln kann. Mit etwas Ausdauer beherrschen Sie diese einfache Übung bald aber auch selbst und erleben das wunderbare Hochgefühl, das an die Stelle der ängstlichen Unsicherheit tritt, die Ihre Sozialphobie kennzeichnet.

Sind Sie mehr an dem interessiert, was über das Essen in Ihren Körper gelangt, als an Botschaften an Ihr Gehirn? Sind Sie also ein ernährungsbewußter Mensch?

Dann können Sie folgenden Weg beschreiten, um gegen Ihre Phobie anzugehen.

Die ›ernährungsbewußte‹ Methode

Die Wirkung der Ernährung auf unser Verhalten verzeichnet zunehmendes Interesse. Hieraus entstand ein völlig neues Gebiet, die Ernährungstherapie, die sich mit der Wirkung einzelner Nahrungsmittel, Mineralien, Vitamine und Mikro-Nährstoffe – nicht auf unseren Verdauungstrakt, sondern auf unser körperliches und seelisches Wohlbefinden, beschäftigt.

Ernährungsexperten sind sich darin einig, daß Nahrung die Biochemie des Gehirns beeinflußt und ein daraus resultierendes biochemisches Ungleichgewicht – als Folge schlechter Eßgewohnheiten – phobische Reaktionen auszulösen vermag.

Die Leiterin des Informationszentrums für Ernährung an der Cornell Universität, Dr. Barbara Levine, betont die Wichtigkeit von Kalzium, nicht nur für den Aufbau von Knochen und Zähnen, sondern auch als Anreger von Nervenimpulsen, Muskelkontraktionen und Entspannung.

Dr. Michael Lesser, der als Ernährungsmediziner in Berkeley, Kalifornien, arbeitet, geht sogar noch weiter und spricht von »großen Ähnlichkeiten zwischen den Symptomen eines Angstanfalls und den mentalen Symptomen von Kalziummangel.«

Die Befürworter dieser umstrittenen These empfehlen eine erhöhte Zufuhr von Kalzium durch Nahrungsmittel wie Milch, Milchprodukte, Erbsen, Bohnen, Kartoffeln, Blumenkohl, getrocknete Feigen und Melasse. Manche Ernährungsexperten schreiben dem Mineral Magnesium eine beruhigende Wirkung auf das Nervensystem zu. Decken Sie Ihren Tagesbedarf an Magnesium mit einer reichlichen Portion grünem Gemüse zum täglichen Speiseplan.

Ein Pionier auf dem neuen medizinischen Spezialgebiet klinische Ökologie, Dr. Theron G. Randolph aus Chicago behauptet, daß ›verborgene‹ Nahrungsmittelallergien vielfältige Störungen, darunter auch seelische Störungen, hervorrufen können. Die häufigsten Vertreter dieser Gruppe sind Weizen, Mais, Kaffee, Hefe, Eier, Rindfleisch, Schweinefleisch und Milch. Im allgemeinen gehen Allergiespezialisten allerdings davon aus, daß Nahrungsmittel-Empfindlichkeiten nur wenige Menschen befallen und ihre Symptome sich auf Hautjuckreiz, Bauchkrämpfe und Darmstörungen beschränken. Coffein gilt bei manchen Ärzten und Wissenschaftlern als Auslöser von Panikattakken bei anfälligen Menschen, möglicherweise verursacht durch eine Blockade von Adenosin, einem chemischen Baustein des Gehirns mit beruhigender Wirkung. Vier bis fünf Tassen Kaffee, oder die entsprechende Menge Tee, Cola, auch Schokolade, können bei manchen Menschen Panikanfälle auslösen.

In dem sich entfaltenden Gebiet der Ernährungsmedizin, wie sie von Experten, Chiropraktikern und auch einigen Verhaltenstherapeuten, Psychologen und Psychiatern praktiziert wird, gibt es mancherlei Theorien und Patentrezepte.

Dr. Julian Herskowitz von TERRAP in New York empfiehlt phobischen Menschen, Coffein, Alkohol und Zucker zu meiden und eventuell täglich 1000 Milligramm L-Tryptophan zur Beruhigung einzunehmen.

»Wenn Sie gerne Truthahn essen und sich hinterher wohl fühlen«, sagt er, »ist das L-Tryptophan im Truthahn für dieses Wohlgefühl verantwortlich.«

Der mögliche Zusammenhang zwischen Nahrungsmittel und Stimmung war das Thema einer Studie der Universität von Chicago, durchgeführt von einem Forschungsteam unter der Leitung des Psychiaters Professor Dr. John Crayton.

Freiwillige Versuchspersonen erhielten über einen Zeitraum von acht Tagen Kapseln, die pulverisierten Weizen, Milch und Schokolade enthielten. Viermal pro Tag wurden Stimmungsmessungen sowie Verhaltens- und neuropsychologische Tests durchgeführt und zweimal pro Tag wurden Blut und Immunsystem untersucht.

Bei zwei Drittel der Versuchspersonen stellten sich merkliche Stimmungsveränderungen ein, gleichzeitig wurden Veränderungen im Immunsystem registriert. Den Theorien der Forscher zufolge rufen gewisse Substanzen, die sich bei einer Reaktion des Immunsystems bilden, möglicherweise lokale Schwellungen im Gehirn hervor, wodurch Stimmungsschwankungen ausgelöst werden. In besagter Studie werden Weizen und Milch als Hauptverursacher genannt.

Wenn Sie also ernährungsbewußt leben und glauben, daß Essen und Stimmung Hand in Hand gehen, wird es Ihnen nicht schwerfallen, obengenannte Empfehlungen als Hilfen zur Beseitigung Ihrer Phobie in Anspruch zu nehmen.

Vielleicht gehören Sie aber auch zu den Menschen, die mit einem guten Sinn für Humor gesegnet sind. Dann finden Sie vielleicht mehr Geschmack an folgender Therapie.

Die ›Lach‹-Methode

Wenn Sie Humor haben, haben Sie aller Wahrscheinlichkeit nach auch einen Sinn fürs Absurde.

Das Absurde?

Ja, denn diese Technik befaßt sich mit Angst, nicht um sie zu reduzieren, sondern um genau das Gegenteil zu erreichen — sie zu absolut übersteigerten Proportionen aufzubauschen!

Die hier vorgestellte Adaptation ist eine Kombination von ›Angstüberflutung‹ und ›paradoxer Intention‹.

Zwei Fälle von Flugangst sollen Ihnen helfen, die Wirkungsweise dieser Methode besser zu verstehen.

1. Sheila hat schreckliche Flugangst und fliegt nur, wenn es absolut unumgänglich ist und nur in Begleitung ihres Ehemanns. Er bemüht sich, ihre Angst abzubauen, indem er sie den ganzen Flug über bemuttert.

   Sie ist ihm für seine Fürsorge und sein Verständnis dankbar, sagt aber: »Ich weiß nicht, wieso, aber es wird alles nur noch schlimmer. Je mehr er mich umsorgt, desto größer wird meine Angst. Er versucht mir zu helfen, aber ich fühle mich völlig außer Kontrolle.«

2. Brenda hat ebenfalls schreckliche Angst vorm Fliegen. Auch sie fliegt nur, wenn es unbedingt nötig ist und nur in Begleitung ihres Ehemanns. Er behandelt sie jedoch nicht wie ein Baby. Im Gegenteil, er macht ihr noch zusätzlich Angst, aber auf seine besondere Weise.

»Diese Maschine schafft es nie«, sagt er und legt lässig seinen Arm um sie. »Hör dir mal die Motoren an... die laufen doch unregelmäßig! Und wir hier oben in den Wolken in diesem fliegenden Sarg. Es dauert nicht mehr lang, dann stürzen wir ab, fallen, fallen, fallen und zerschmettern in tausend Fetzen. Krach, splitter, schmetter, bum, zack, au, und alles ist vorbei!«

Und sie fängt an zu lachen — seine übertriebene Schilderung bringt sie einfach zum Lachen. Zunächst verstärkten seine Worte ihre Spannung, ihre Hände zitterten, das Herz klopfte ihr bis zum Hals, doch dann überwog ihr Sinn fürs Absurde, als sie erkannte, daß der Katastrophenbericht ihres Mannes nur Phantasie war.

Mit seiner satirischen Übertreibung schaffte Brendas Ehemann es, daß sie ihre Angst verlor.

Diese Technik eignet sich sicher nicht für Menschen, die zur Hysterie neigen. Andere wiederum sprechen möglicherweise besonders gut darauf an. Es ist ratsam, einen liebevollen Menschen als Begleiter zu haben, wenn Sie diese Methode ausprobieren. Sie können es aber auch mit Hilfe eines Tonbandgeräts versuchen.

Denken Sie sich zu dem, was Sie am meisten fürchten, eine Geschichte aus; Sie sollen sich die Katastrophe nicht nur vorstellen, sondern tatsächlich wünschen, daß sie in ihrer schlimmsten Form eintritt. Schreiben Sie die Geschichte auf und sprechen Sie sie anschließend auf Tonband. Nehmen Sie das Band im Beisein eines Freundes (Freundin) auf und spielen Sie es in seiner (ihrer) Gegenwart ab.

Angenommen, Sie haben Angst vor dem Fallen...

»Ich stehe auf der Plattform des Empire State Building... Es ist voll, die Menschen drängen sich an mich... Ich halte mich an der Brüstung fest, die Brüstung gibt nach... o Gott, ich falle!... Stockwerk um Stockwerk... immer tiefer... Fenster jagen an mir vorbei... Der Wind rauscht... die Straße kommt auf mich zu... ich stürze auf den Gehsteig... es kracht... meine Knochen brechen... Blut spritzt durch die Gegend... ohhhhhhhh!«

Diese schreckliche Geschichte lesen Sie mit dramatischer Stimme. Am Ende werden Sie ganz mitgenommen sein. Nachdem Sie die Kassette abgespielt haben — mehrmals, nicht nur einmal — fühlen Sie sich erschöpft, aber auch entspannt, da Sie wissen, das alles hat nur in Ihrer Phantasie stattgefunden.

Kneifen Sie sich, damit Sie wieder in die Realität zurückfinden. Und Sie werden den Schmerz des Erlebnisses vergessen, das nur in Ihrem Kopf stattfand, und fähig sein, über Ihre phobische Angst zu lachen.

Die einzige Angst, die vermutlich nicht weggelacht werden kann, ist Erotophobie, die Angst vor erotischen Dingen, da sie nicht nur bis in die verborgensten Winkel Ihrer geheimen Gedanken reicht, sondern auch einen phobischen Krieg gegen Ihre intimen Körperbereiche führt.

Wenn Sie wollen, daß Vergnügen anstelle Ihrer Angst tritt und Erfolg anstelle von Versagen, können Sie Ihre Phobie mit folgender Therapie bekämpfen.

Die ›Super-Touch‹-Methode

Männer und Frauen, die sexuelle Intimität meiden, tun das aus einer Vielfalt von Gründen. Sie halten Sex für etwas Schmutziges, fürchten, eine Geschlechtskrankheit aufzuschnappen, oder glauben, daß mit ihren Genitalien beim Geschlechtsverkehr etwas Schreckliches geschieht.

So haben zum Beispiel manche Männer Angst davor, den Penis in eine Frau einzuführen aus Angst, daß heftige Kontraktionen der Vagina ihn zerquetschen. Diese Angst kann so stark sein, daß sie zur Unfähigkeit führt, eine Erektion zu haben. Hier handelt es sich um psychogene Impotenz, die nicht unbedingt das tiefsitzende Verlangen nach sexueller Lust, allerdings ohne die Bedrohung durch Schmerz, auslöscht.

Frauen leiden unter ähnlichen Ängsten, daß sie durch die Penetration verletzt werden oder Schaden nehmen – obwohl sie den Wunsch nach Geschlechtsverkehr haben und anatomisch völlig in Ordnung sind. Sie verschließen sich, Angst tritt an Stelle der Lust.

Dr. Helen Singer Kaplan, Klinische Professorin für Psychiatrie an der Klinik des Cornell Medical College in

New York, ist eine der herausragendsten Sexualtherapeutinnen der Vereinigten Staaten. Sie wies darauf hin, daß diese Frauen sexuell erregbar sind, sich aber »bei Koitus und vaginaler Penetration phobisch verhalten«.

Und der TERRAP-Therapeut Dr. Julian Herskowitz schildert den Fall einer 28jährigen Jungfrau, die ihre Angst vor Penetration darauf zurückführt, daß ihr ein Gynäkologe in vorpubertärem Alter sagte, sie habe eine sehr enge Vaginalöffnung.

»Sie hatte an sich keine Angst vor Sex«, sagt er, »aber vor Intimität, vor dem Schmerz, zerrissen und verletzt zu werden.«

Bei all diesen Fällen empfiehlt sich eine Behandlung durch nichtverbale Formen der Kommunikation, die von Masters und Johnson entwickelt wurden und die sich auf den Tastsinn beziehen.

Sanft und allmählich, zuerst allein, dann gemeinsam, wird der Körper erforscht – ohne Worte, nur Berührung; es ist mehr als stumme Kommunikation, weniger als sexuelles Vergnügen zu verstehen.

Es handelt sich um schrittweise Berührungsvorgänge, die Masturbationstechniken einschließen, um persönliche Hemmschwellen zu überwinden, wobei alle Elemente der Phantasie mitspielen, um sexuelle Stimulierung herbeizuführen.

Wenn Robert Redford Sie anmacht, denken Sie an Robert Redford. Wenn Ihre ›Männlichkeit‹ durch Tina Turner angesprochen wird, stellen Sie sie in den Mittelpunkt Ihrer Phantasien.

Keiner der beiden wird wissen, was in Ihrem Kopf oder sonstwo vorgeht. Und es wäre ihnen egal. Möglicherweise würden sie sich geschmeichelt fühlen, wenn sie davon wüßten. Es besteht also kein Grund zur Schüchternheit oder Scham wegen der intimen Gedanken, die Ihnen Spaß machen.

Vom sexuellen Monolog gehen Sie zum sexuellen Dialog

über — immer noch stumm. Alles, worum es geht, ist die Berührung!

Beginnen Sie im angezogenen Zustand und entfernen Sie nach und nach gegenseitig Kleidungsstücke, ohne daß ein Wort gesprochen wird; berühren Sie sich gegenseitig an ›harmlosen‹ Stellen. Lassen Sie sich Zeit, machen Sie sich mit dem Körper des anderen vertraut, streicheln und küssen Sie einander, tauschen Sie Zärtlichkeiten aus, während Sie die Intimbereiche des anderen erforschen.

Gehen Sie dabei langsam und ungezwungen vor. Es geht Ihnen nur um Berührung, nicht um Befriedigung. Noch nicht. Das ist der Schlüssel, mit dem es Ihnen gelingt, Ihre Angst vor Sex durch Berührung zu überwinden. Langsam und gemächlich. Die Zeit ist auf Ihrer Seite.

»Übernehmen Sie die Initiative, Dinge zu tun, die Sie bislang als tabu erachtet haben«, rät der Sozialpsychologe Dr. Alexander Runciman, der mit Masters und Johnson arbeitete, »und geben Sie sich dem Wohlbehagen hin, gestreichelt zu werden.«

Richtige Berührung kann wunderbar sein und sexuellen Ängsten und phobischen Phantasien ein Ende setzen, die Sie daran hindern, einen Bereich der schönsten Freuden, die unser Leben zu bieten hat, zu erforschen und zu genießen.

Manche Phobien verschlimmern sich mit dem Alter, der gesellschaftlichen Stellung und der finanziellen Situation und sind geprägt von unserer Gesellschaftskultur, die größten Wert auf das *Erscheinungsbild* von Jugend und der damit verbundenen Vitalität legt.

Das kann Ihre Körperwahrnehmung stark beeinflussen und somit die Welt um Sie herum. Sigmund Freud war der erste, der feststellte, daß der Körper der Kern psychologischer Identität eines Menschen ist, da »das eigene *innere* Bild durch die Wahrnehmung seines *äußeren* Bildes geformt wird«.

Wenn dies zu Ihrer phobischen Furcht beiträgt, fürchten Sie vermutlich, gesellschaftlich, beruflich oder in einem anderen Bereich abgelehnt, ja sogar gedemütigt zu werden.

Das beste Mittel dagegen ist vielleicht...

Die Methode des ›neuen Image‹

Bekanntermaßen lassen Prominente ihr Erscheinungsbild mit Hilfe der plastischen Chirurgie erneuern oder Schönheitsfehler beheben, die sie verunsichern und ihr Selbstvertrauen herabsetzen.

Hier einige Beispiele prominenter Persönlichkeiten, die sich aus verschiedenen Gründen ein ›neues Image‹ zulegten – Phyllis Diller und Lana Turner (Gesichtslifting), Michael Jackson und Peter O'Toole (Nasen), Frank Sinatra (Haare), Carol Burnett (Kinn), Muriel Hemingway (Brustvergrößerung) und Eileen Brennan (Gesichtsoperation nach einem Unfall).

Weniger bekannt dürfte sein, daß mehr als zwei Millionen normaler amerikanischer Bürger beiderlei Geschlechts jedes Jahr Schönheitschirurgen aufsuchen, um ihr Erscheinungsbild verändern zu lassen.

Gemäß Dr. Thomas Cash, einem Psychologen am Old Dominion College in Norfolk, Virginia, sind Frauen dafür emotional anfälliger, da sie größeren Wert auf ihre Erscheinung legen.

Und Daniel Brown, ein klinischer Psychologe an der medizinischen Fakultät in Harvard, unterstellt, daß ein schlechtes Körperbild in kritischen Lebensphasen (beispielsweise in der Pubertät), zu einer Anfälligkeit für psychische Störungen im späteren Leben führen kann.

Mit anderen Worten, ein schlechtes Körperimage in jungen Jahren kann die Saat für Phobien in späteren Jahren legen. Das ist der Grund, warum junge Menschen in wachsender Zahl sich die Nasen verschönern lassen, bevor sie das College besuchen oder eine Arbeitsstelle antreten.

Einer der berühmtesten New Yorker Spezialisten auf dem Gebiet der kosmetischen Chirurgie, Dr. Dennis Barek, betreibt eine blühende Privatpraxis in Manhattans vornehmer East Side. Vor kurzem operierte er eine junge Geschäftsfrau, die an einer Bushaltestelle an der Fifth Avenue brutal zusammengeschlagen und beraubt worden war. Die Nase war ihr gebrochen und das Gesicht mit einer Rasierklinge zerschnitten worden.

»Sie stand furchtbare körperliche und seelische Schmerzen aus«, sagt Dr. Barek, »da ihr Erscheinungsbild für ihre Karriere als leitende Angestellte von ungeheurer Wichtigkeit war. Und sie hatte viele Hindernisse überwinden müssen, um es bis an die Spitze zu bringen.«

Dank der Errungenschaften der Schönheitschirurgie und ihrer eigenen unbezähmbaren Energie, erlangte sie wieder gutes Aussehen und Selbstsicherheit. Das Bemerkenswerte daran ist, daß diese bewundernswerte Frau trotz ihres furchtbaren Schicksals keine phobische Angst vor Großstadtstraßen und Bushaltestellen entwickelt hat. Ihre Wahrnehmungen sind realistisch, unbelastet von krankhafter Angst und Unsicherheit.

Das gelingt nur wenigen. Ein paar kleine Schönheitsfehler, eine unauffällige Narbe, geschwollene oder hängende Augenlider, zu große oder zu kleine Brüste, ein paar Falten... und wir schämen uns.

Auf dem Fernsehschirm sieht niemand so aus!

»Die Menschen haben sich verändert und damit haben sich ihre Wahrnehmungen verändert«, sagt Dr. Barek. »Früher hatten meine Patienten im Wartezimmer Angst, gesehen und erkannt zu werden. Heute gehen sie viel offener damit um.«

Man schämt sich heute nicht mehr, sich das Gesicht liften zu lassen, man schämt sich vielmehr, es nicht zu tun. Denn gutes Aussehen ist der Schlüssel zum Erfolg.

»Kunden, die zur ersten Beratung kommen, sagen ausnahmslos: ›Ich muß mich gegen eine Menge jüngerer Mitarbeiter behaupten und möchte nicht müde aussehen. Mein Hals sieht schlaff aus, mein Gesicht sieht schlaff aus, meine Augen sehen müde aus. Ich möchte noch viele Jahre im Berufsleben stehen, kann mich aber nicht durchsetzen, wenn ich müde aussehe.‹

Dies ist eine durchaus positive Einstellung für Männer wie Frauen über fünfzig, die beruflich den Anschluß nicht verlieren wollen.«

Dr. Barek, der sich auf dem Gebiet der Schönheitschirurgie einen großen Namen gemacht hat, sagt, man könne zwar die Uhr nicht zurückstellen und zwanzig Jahre seines Alters ausradieren, doch Veränderungen seien möglich, die den Betroffenen ein strahlendes, frisches und ausgeruhtes Aussehen verleihen. Mit dem verjüngten Aussehen bessert sich die Stimmung, Ängste vor Zurückweisung schwinden.

Woher wissen Sie, daß diese Behandlungstechnik für Sie die richtige ist?

»Lassen Sie mich das Beispiel einer Frau nennen«, sagt Dr. Barek, »die einige Gesichtsverschönerungen vornehmen wollte. Sie war Mitte Vierzig, sehr attraktiv und hatte eine schöne Haut; meiner Meinung nach hätte ein Eingriff wenig Veränderung oder Verbesserung gebracht. Es fiel mir schwer, die Risiken und möglichen Komplikationen in diesem Fall zu rechtfertigen, und ich versuchte ihr meinen Standpunkt klar zu machen.

Doch sie beharrte darauf, sagte, sie sei in psychiatrischer Behandlung und ich solle mit ihrem Arzt sprechen. Das tat ich auch. Er sagte mir, die Dame sei äußerst perfektionistisch, fürchte bei der geringsten Unvollkommenheit alle möglichen negativen Folgen. Seiner Fachmeinung als Psychiater zufolge wäre ein schönheitschirurgischer Eingriff für sie von großem Wert.

Danach erklärte ich mich einverstanden, die gewünschten Eingriffe vorzunehmen, und sie war dankbar und glücklich über das Ergebnis. Die Veränderung erwies sich sowohl psychologisch wie ästhetisch als Gewinn.«

Ein anderer Fall war ein junges Mädchen, das sich ihrer Nase so sehr schämte, daß sie sich von jeglichen sozialen Kontakten zurückgezogen hatte. Nach der Schönheitsoperation sagte ihre überglückliche Mutter: »Sie ist ein anderer Mensch geworden. Sie hat eine völlig neue Meinung über sich selbst. Sie ist offen, selbstbewußt und hat all ihre gesellschaftlichen Unsicherheiten verloren.«

Bevor Sie diese Technik um ihrer antiphobischen Wirkung wählen, müssen Sie genau prüfen, in welchem Maß Ihre Erscheinung Ihre Selbstwahrnehmung bestimmt, in welchem Maß Ihr Außenbild über Ihr Innenbild bestimmt. Und Sie müssen eine klare Vorstellung davon haben, was Sie von einem kosmetischen chirurgischen Eingriff erwarten.

So sollte zum Beispiel das Gesichtslifting nicht übertrieben werden. Wie Dr. Barek sich ausdrückt: »Lieber ein paar Falten, als die Ausdrucksfähigkeit zu verlieren.«

Er bemüht sich, seinen Patienten zu fundierten Entscheidungen zu verhelfen, und wird darin von einer diplomierten Krankenschwester unterstützt, die jederzeit für die Patienten da ist, um ihnen Mut zuzusprechen und die herzliche Arzt-Patient-Beziehung zu bekräftigen.

»Wenn Sie eine ungefähre Vorstellung davon haben wollen, wie Sie nach dem Gesichtslifting aussehen«, sagt sie, »kann der Chirurg Ihnen das zeigen, indem er Ihre Haut mit den Händen strafft.«

Und sie fügt hinzu: »Der Glaube an die Wirkung des Gesichtslifting allein kann Sie schon heilen (selffulfilling prophecy). Wenn andere Sie bewundern, fühlen Sie sich in Ihrem Selbstwertgefühl gehoben.«

Oder, wie manche geheilte Phobiker erklären, man sieht so aus, wie man sich fühlt. Um es noch anders auszudrükken, der Weg zum Herzen eines Mannes geht vielleicht durch seinen Magen, doch der Weg zu den irrationalen Ängsten eines Phobikers geht über die Körperwahrnehmung des Patienten.

Jede in diesem Kapitel beschriebene Heilmethode hat bereits vielen Menschen geholfen. Eine oder mehrere wirken mit Sicherheit bei Ihnen und helfen Ihnen, permanente Kontrolle zu gewinnen.

Es gibt aber noch andere gute Nachrichten...

8. Kapitel

Sie sind kein Einzelfall

So seltsam es klingen mag, zum ganz besonderen ›Club‹ der etwa vierzig Millionen amerikanischer Männer und Frauen, die unter Phobien leiden, zu gehören, hat auch seine Vorteile. Der Grund ist einfach.

Um eine Erkrankung, an der eine relativ geringe Anzahl von Patienten leiden, kümmert sich niemand. Es lohnt sich nicht für die etablierte Forschungswissenschaft, Zeit und Geld in die Forschung zu stecken, da es zu wenige Opfer gibt, auch wenn das Ergebnis erfolgreich wäre.

Wenn aber vierzig Millionen Menschen in einem Land von einer Störung befallen sind, können Sie mit Sicherheit davon ausgehen, daß diesem Problem eine ganze Menge Aufmerksamkeit geschenkt wird!

Phobien erhalten von Tag zu Tag mehr Aufmerksamkeit, da Biologen und Verhaltensforscher es sich zur Aufgabe gemacht haben, immer mehr darüber in Erfahrung zu bringen.

Zusätzlich zu dem Nutzen, den Sie hoffentlich bereits aus diesem Buch gezogen haben, können Sie nur weiter profitieren. Denn es gibt eine...

Vielversprechende neue Forschung

Der Gehirnforschung wird großes Interesse entgegengebracht, um mehr über Gehirnfunktionen und Verbesserungsmöglichkeiten dieser Funktionen zu erfahren.

Gute Nachrichten enthält ein Sonderbericht der Abteilung Psychohygiene an der berühmten National Academy of Sciences, wonach »die Schnelligkeit, in der grundsätzliche biologische Erkenntnisse der Gehirntätigkeit gewonnen wurden, selbst optimistische Schätzungen übertrifft, die vor zwanzig Jahren gemacht wurden«.

Der Psychologe Claude Chemtob geht am Veterans Administration Hospital in Honolulu der Frage nach, ob Phobien unter Linkshändern und deren linkshändigen Verwandten weiter verbreitet sind, da Voruntersuchungen darauf hinzuweisen scheinen.

An der Universität von Kalifornien in San Francisco versuchen Neurologen herauszufinden, warum einige Gehirne ihren natürlichen Bremsmechanismus – zu vergleichen mit den Bremsen Ihres Wagens – nicht einsetzen können, um eine Reaktion auf wahrgenommene Gefahr zu kontrollieren.

Am Salk Institute's Peptide Biology Laboratory in San Diego wird nach einem Molekül geforscht, das klein genug ist, um mit dem Blutstrom in das Gehirn geleitet zu werden und so den Streß zu blockieren, den jeder Phobiker kennt, der je in einem Verkehrsstau steckte.

Und die Upjohn Pharmaceutical Company testet ein neues Medikament gegen Panikanfälle und Agoraphobie bei 1600 Versuchspersonen in 15 Ländern, mit dem Nebeneffekt, daß die Fachwelt sich noch stärker mit Phobien und ihrer lähmenden Wirkung beschäftigt.

Eine mögliche Verbindung zwischen ›hastigen‹ Augenbewegungen und Gehirnstörungen wird unter anderem am City of Hope's Beckman Research Institute in Los Angeles untersucht, wobei ein Computer die Augenbewegungen mißt. Die Augen werden ja oft als ›Fenster zur Seele‹ bezeichnet.

Eine der erstaunlichsten wissenschaftlichen Studien wird an der Universität von Washington durchgeführt. Man vermutet, daß die Nerven unserer Zähne – und es gibt Tausende von sensorischen Rezeptoren in jedem Zahn – mit der Wahrnehmung unserer Umwelt zu tun haben, ebenso wie unsere Augen, Ohren und unsere Geschmacks- und Geruchsnerven. Das würde bedeuten, daß jemand, der seine Zähne verloren hat, seine Wahrnehmung der Welt verändert.

Die New Yorker Psychologin Dr. Lee R. Steiner, die in einem vorangegangenen Kapitel bereits zitiert wurde, hat sich ausführlich mit Kirlian-Fotografie beschäftigt, einem Verfahren, mit dem austretende Lichtströme aus Objekten, beispielsweise aus menschlichen Fingerspitzen, fotografisch sichtbar gemacht werden. Sie stellte fest, daß diese geheimnisvollen Strahlenkränze mit der Gehirntätigkeit in Zusammenhang stehen, und bedient sich dieses Verfahrens in der Behandlung von Gehirnen, die mit einem nicht zu bewältigenden Maß an Streß belastet sind.

Dr. Dolores Krieger, Professorin an der New York University, hat die geheimnisvolle Technik des ›Handauflegens‹ modifiziert, um sie für die Heilung und Angstreduzierung ohne jeden religiösen Hintergrund zu verwenden. Sie nennt das Verfahren den ›therapeutischen Touch‹, praktiziert damit und lehrt es.

Ihrer Meinung nach muß der Heiler kein besonderes Talent aufweisen, nur den tiefen Wunsch, dem Patienten zu helfen. Die Hände des Therapeuten gleiten über den Körper des Patienten vom Kopf bis zu den Füßen, ohne ihn wirklich zu berühren; diese Interaktion regt nachweislich die Willenskräfte des Patienten an, seine Angst zu reduzieren.

Die vielleicht stärkste Erfahrung in der Kontrolle von Geist über Materie ist der Feuerlauf, der auf der Theorie basiert, im Gehirn finde eine biochemische Veränderung statt, die die Molekularzusammensetzung der Fußsohlen beeinflußt.

Mit der richtigen Geisteshaltung ist das Laufen auf nackten Sohlen über einen vier Meter langen Teppich aus glühenden Kohlen möglich, ohne sich die Fußsohlen zu verbrennen oder Brandblasen davonzutragen. Wer das schafft, kann ›Angst in Kraft‹ umwandeln und hat seine Angst für immer verloren. Menschen, die sich vor kurzem in New York dieser Mutprobe unterzogen, sagten, damit sei ihre Angst tatsächlich verschwunden.

Es sind jedoch nicht nur neue Forschungsergebnisse und neue Techniken, die Phobikern Linderung und Heilung verschaffen, es gibt auch ausgebildete Hilfskräfte.

Phobie-Helfer

Wer an einer Phobie leidet, weiß, wie wichtig es ist, einen Menschen zu haben, mit dem er kommunizieren kann, der ihm Mut zuspricht, wenn er seine Phobie schrittweise bekämpft.

Scheuen Sie also nicht davor zurück, sich von einem Ehemann, Geliebten, Verwandten oder Freund helfen zu lassen. Und wenn dieser jemand selbst eine Phobie überwunden hat, so wäre er die ideale Person, bei der Sie Rückhalt finden.

Sie und Ihr Helfer gewinnen beide aus dieser Verbindung.

Es verschafft Ihnen Erleichterung, jemandem Vertrauen zu schenken, dem Sie ein wenig von Ihrer Kontrolle überlassen, ohne sich hilflos zu fühlen, und Ihrem Helfer tut es gut, dieses Vertrauen zu erhalten.

Bei einem fürsorglichen Helfer können Sie Dampf ablassen und somit den Druck verringern, unter dem Sie bei erhöhtem Angstpegel stehen, ohne sich deshalb schämen zu müssen. Wenn Sie auf halbem Weg über eine Fußgängerbrücke Panik in sich hochsteigen fühlen, sagen Sie Ihrem Helfer, wie Ihnen zumute ist. Das kann bedeuten, daß Sie zurückgehen und noch mal von vorne anfangen müssen, oder Sie erreichen damit, daß Ihr Panikgefühl nachläßt und Sie Ihren Weg fortsetzen können.

Ein guter Helfer ist jemand, der niemals über Ihre Ängste lacht, niemals sagt, Ihre Befürchtungen seien ›verrückt‹, und Sie niemals zwingt, sich über Ihre seelische Kraft hinaus zu verausgaben.

Die Lieblingsworte eines guten Helfers sind: »Ich verstehe.«

Die Rolle des Helfers besteht darin, zu bestätigen, nicht zu kritisieren; er ermuntert, statt Befehle zu erteilen. Und wenn der Helfer ein geheilter Phobiker ist, kann der Rückhalt, den er einem anderen Phobiker gibt, seine Befürchtungen ausschalten.

Diese Form des gegenseitigen Rückhalts empfiehlt sich besonders im Umgang mit Agoraphobie.

»Ich konnte nicht mehr durch die Wohnungstür gehen«, sagt Pat. »Ich öffnete sie für meinen Mann, wenn er am Morgen zur Arbeit ging und wenn er abends nach Hause kam. Weiter als bis zur Türschwelle konnte ich nicht gehen, bis mein Mann mir half.«

Was machte er?

»Eigentlich nicht viel«, sagt er sachlich, »außer, daß ich vielleicht mehr Interesse an ihr zeigte, wie sie sich fühlte, daß ich sie lobte, wenn sie nur ein bißchen mehr tat, auch wenn es nur der Schritt über die Türschwelle war. Als das passierte, lachten wir beide und auch das schien zu helfen.«

Ein kooperativer Ehemann kann ein wirklich guter Helfer sein. Bedauerlicherweise sind nicht alle Ehepartner dazu bereit. Wenn es in der Ehe bereits kriselt, besteht aller Grund zur Annahme, daß der Ehepartner es vorzieht, die Phobie zu schüren, statt sie auszuschalten.

Nehmen Sie den Fall von Jim und Charlotte. Sie hat furchtbare Flugangst. Er aber ist beruflich häufig mit dem Flugzeug unterwegs, da er regelmäßig die Zweigstellen seiner Firma im ganzen Land aufsuchen muß.

Ohne es zuzugeben, ist er insgeheim froh, daß seine Frau nicht fliegt. In Begleitung seiner Sekretärin fühlt er sich nämlich viel wohler.

Dadurch bleibt die Ehe erhalten, doch Charlottes Phobie verstärkt sich mit jedem Mal, wenn Jim wegfliegt, obgleich sie nicht weiß, wen er an ihrer Stelle mitnimmt!

Wenn nichts gegen eine Phobie unternommen wird, verschlimmert sie sich einfach. Nicht nur, daß Jim sich weigert, Charlotte zu helfen, er nützt ihren Zustand für seine Seitensprünge aus.

Bei manchen Paaren ist es umgekehrt. Nehmen wir den Fall von Ronnie und Marsha. Er hat krankhafte Angst vor Gewittern und bei jedem Donnerschlag zuckt er zusammen, zittert, schwitzt und spürt sein Herz pochen, selbst wenn er in völliger Sicherheit bei sich zu Hause im Bett liegt.

Sie schämt sich furchtbar über seinen Mangel an ›Männlichkeit‹, denn als das interpretiert sie seine phobischen Symptome. Andererseits ist sie froh über das, was sie als Zeichen von Schwäche bei ihm betrachtet, weil ihr das Grund gibt, ihm ihre Verachtung zu zeigen. Sie empfindet seit Jahren nichts mehr für ihn und hält die Ehe lediglich aufrecht, weil er finanziell gut gestellt und beruflich so sehr in Anspruch genommen ist, daß er keinen Verdacht hegt, sie könne ihn mit einem anderen Mann betrügen.

An diesem Punkt ist ein Rat zur Vorsicht angebracht. So selten es sein mag, es besteht dennoch die Möglichkeit, daß die Hilfsbereitschaft eines Phobiehelfers sich gegen ihn richtet. Das passierte Evelyn, die Wert auf Nachbarschaftshilfe legt und sich entsprechend verhielt.

Eines Nachts wurde in der Wohnung Ihrer Nachbarin eingebrochen, der Dieb entkam mit einer Menge Wertsachen; am Rande der Hysterie klagte die Nachbarin Evelyn ihr Leid. Evelyn versuchte, sie zu trösten, und half ihr, ihre Angst in Grenzen zu halten.

Die Nachbarin erzählte ihr Unglück nicht nur Evelyn, sondern all ihren Bekannten und konnte sich auf diese Weise von ihren Ängsten befreien. Evelyn hatte es in dieser Beziehung nicht so leicht.

»Sie kam darüber hinweg und ich wurde phobisch«, sagte Evelyn. »Irgendwie, nur durchs Zuhören, entstanden bei mir Ängste. Plötzlich hatte ich Angst, Dinge zu tun, die mir nie zuvor etwas ausgemacht hatten... allein im Aufzug fahren, U-Bahn fahren, nachts alleine in der Wohnung sein.

Sie wurde ausgeraubt, trug aber keinen bleibenden Schaden davon. Ich wurde weder bedroht noch ausgeraubt und wurde zur Phobikerin. Hätte ich mich von ihr ferngehalten und nicht versucht, ihr zu helfen, hätte ich ihre Phobie nie aufgeschnappt!«

Ihre Phobie aufgeschnappt?

Das kann zwar passieren, ist aber höchst unwahrscheinlich. Phobien sind nicht ansteckend. Manche Menschen sind allerdings anfälliger als andere.

Wenn Sie sehr anfällig sind, sollten Sie sich nach fachkundiger Hilfe umsehen. Einige amerikanische Phobiekliniken, wie die Phobia Associates in New York City, haben ›Außenprogramme‹ für Agoraphobiker, die dringend Hilfe benötigen, aber nicht einmal in der Lage sind, ihre Wohnung zu verlassen, um solche Hilfe einzuholen. Wie die Hausärzte von früher machen sie ›Hausbesuche‹ und schicken fachkundig ausgebildete Phobiehelfer in die Wohnungen der Patienten.

Sie können sich an Telefon-Seelsorgedienste wenden oder sich bei einer Phobieklinik nach Gruppenberatung erkundigen. All diese Methoden führen zu einem Austausch phobischer Erfahrungen, was bereits dazu beitragen kann, sie zu entmystifizieren.

Phobische Eltern kommen häufig getrennt von ihren phobischen Kindern, meist im Teenageralter, zu Gruppensitzungen zusammen und sprechen mit dem Leiter der Gruppe über ihre Gefühle. Das fördert das gegenseitige Verständnis und entlädt aufgestaute Gefühle, die eine Phobie überhaupt entstehen ließen.

»Allein das Wissen, daß Sie nicht der einzige Mensch

mit diesem furchtbaren Leiden sind, für das es Hilfe gibt, ist ein enorm wichtiger therapeutischer Schritt«, sagt die Psychotherapeutin Jerilyn Ross, selbst eine geheilte Phobikerin.

Wie wahr. Es gibt jedoch mehr Methoden, um Phobikern klarzumachen, daß sie nicht alleine sind.

Gegenseitige Selbsthilfegruppen

Mitgefühl, nicht Mitleid, ist der gemeinsame Nenner, der einen Phobiker mit dem anderen verbindet. Eine Sonderveröffentlichung des National Institute of Mental Health erläutert: »Menschen mit der gleichen negativen Erfahrung verbindet etwas Besonderes; das beginnt damit, wenn ein Betroffener zum andern sagt: ›Ich weiß *genau,* wie du dich fühlst.‹

Das Wissen, daß ein anderer die eigenen Gefühle wirklich versteht, weil er das gleiche ›durchgemacht‹ hat, verschafft bereits Erleichterung.«

Die bekannteste dieser Gruppen sind vermutlich die Anonymen Alkoholiker. Viele Männer und Frauen, die ihre phobischen Ängste in Schnaps und Bier ertränken, besuchen AA-Meetings, um sich von ihrem Alkoholismus zu heilen.

Damit dringen sie jedoch nicht an den Kern ihres wirklichen Problems, der Phobie, vor. Ihnen sei geraten, die in diesem Buch beschriebenen Strategien anzuwenden und sich einer Selbsthilfegruppe für Phobiker anzuschließen, wenn dies der tiefere Grund ihres Alkoholproblems ist.

Phobien sind auch häufig mit Anorexia Nervosa, der Magersucht, verbunden, deren Opfer von der krankhaften Angst befallen sind, dick zu werden, obwohl sie nichts essen und ständig Gewicht verlieren.

Menschen, die beim Lachen, Niesen oder Husten Urin nicht halten können, werden unsicher, wenn nicht phobisch, und wagen sich nirgends mehr wohin. Biofeedback, oder die sogenannten Kegel-Übungen und andere Methoden, können durch Streß hervorgerufene Blaseninkontinenz beheben, die dieser Phobie zugrunde liegt.

Diese und andere Leiden haben die Phobie als gemeinsamen Nenner, eine ständig anwachsende Angst und ein sich steigerndes Panikgefühl. Zum Glück gibt es in jeder größeren Stadt Selbsthilfegruppen, um mit solchen Leiden und anderen phobischen Problemen fertig zu werden.

Im Anschluß an dieses Kapitel finden Sie Adressen, wo Sie weitere Hinweise, Beratungsstellen und andere Informationen erfahren können.

In Amerika ist das Clearinghaus eine wichtige Einrichtung in der Basisentwicklung von Selbsthilfegruppen. 1981 gründete der idealistisch gesinnte Soziologe Edward J. Madara das erste computergesteuerte Selbsthilfe-Clearinghaus der USA – das New Jersey Self-Help Clearinghouse, St. Claire's Hospital Community Mental Health Center, Denville, New Jersey.

»Manche Selbsthilfegruppen«, sagt er, »sind gewinnorientiert, ohne deshalb weniger erfolgversprechend zu sein. Die Anmeldung erfolgt über eine Phobieklinik, um an den Programmen teilnehmen zu können.

Unser Hauptinteresse gilt den nicht-kommerziellen Selbsthilfegruppen. Sie erheben, wenn überhaupt, minimale Unkostenbeiträge und werden von Mitgliedern der Gruppe geleitet.«

In einer Fragebogenaktion, die er bei Phobiegruppen in seiner Gegend durchführte, stellte er fest, daß die gegenseitige Hilfe folgende Bereiche umfaßt: Gruppenausflüge, Telefondienst, Freundschaftsdienst, Außenprogramme, Einführungsprogramme für neue Mitglieder und Agoraphobiker auf dem Wege der Besserung, Therapie-Empfehlungen und vor allem eine gemeinsam beschlossene Schweigepflicht.

Er ist glücklich, Selbsthilfe-Unterstützung über Computer anbieten zu können, wobei überregionale US-Computernetze, wie CompuServe, benutzt werden können. Die Meetings finden an Computer-Tastatur und Bildschirm statt, die High-Tech-Version gegenseitiger Selbsthilfe-Programme.

Der Computer-Experte Martin Lasden bezeichnet diese Version in der *New York Times* als »Gedankenaustausch gleichgesinnter Geister«.

Vielen Menschen fehlt jedoch das Vertrauen zum Computer, manche leiden sogar unter einer *Technophobie*. Der Humorist Russell Baker drückte in einer Glosse in der *New York Times* seinen großen Schrecken darüber aus, als seine Worte vom Computerbildschirm wegen einer plötzlichen, unvorhersehbaren Funktionsstörung verschwanden und gestand: »Ich bekam es mit der Angst zu tun.«

Damit ist er nicht allein. Viele Menschen bekommen es mit der Angst zu tun, nicht vor Computern, sondern vor häufig in der Presse aufgegriffenen Themen wie Alzheimer Krankheit, die weltweite Anhäufung von Giftmüll, Giftstoffe, die wir über die Nahrung aufnehmen, AIDS und atomare Zerstörung, um nur einige unserer zeitgenössischen Ängste zu nennen.

Wenn Sie diese Themen interessieren und deren Bedrohung für Ihre Gesundheit in der Phantasie durchspielen, erhöhen Sie damit Ihre zerstörerische Wirkung auf Ihre Person. Die berechtigte Sorge über diese Dinge wird in Ihrer Vorstellung übersteigerte Ausmaße annehmen.

Nachfolgend ein *Angstregister* nach einem von Natalie Schor, Leiterin der Phobia & Anxiety Clinic am St. Luke's-Roosevelt Hospital Center in New York City, entwickelten Prinzip. Damit können Sie die Vorgänge in Ihrem Kopf mit den tatsächlichen Vorgängen in der wirklichen Welt vergleichen.

Der Innen-Außen-Test

Angststufen werden in der Phobieterminologie von 1, der niedrigsten bis 10, der höchsten Stufe gemessen. Die Verwendung von Ziffern statt Worten nimmt der Bildersprache etwas von ihrer angsteinflößenden Wirkung.

Das Wissen, daß 10 die höchste zu erreichende Stufe ist, verhilft Ihnen zur Einsicht, daß Ihre phobische Angst tatsächlich Grenzen hat. (Lesen Sie *den Gradmesser Ihrer Angst* im vierten Kapitel nach.)

Alles schön und gut. Doch das wahre Problem ist erst dann gelöst, wie Natalie Schor feststellt, wenn Sie in der Lage sind, die Vorgänge *im Innern* Ihres Kopfes mit den Vorgängen *außerhalb* Ihres Kopfes in die richtige Relation zu setzen.

Wie aber sollen Sie das wissen?

Auf der Skala 1 bis 10 messen Sie den *Prozentsatz* der Aufmerksamkeit, die Sie Ihren *inneren* Vorgängen beimessen — angefangen vom Schwächegefühl bis zur Vorstellung katastrophaler Geschehnisse; von Herzklopfen über weiche Knie bis an den Rand der Panik.

Auf der gleichen Skala 1 bis 10 messen Sie den *Prozentsatz* der Wichtigkeit, die Sie *äußeren* Vorgängen beimessen — was Sie tatsächlich sehen, hören, schmecken, riechen, also was tatsächlich außerhalb Ihrer Vorstellung vorgeht.

Im Hinblick darauf, was Sie bereits über Stufen phobischer Angst wissen, kreuzen Sie auf der folgenden Tabelle an, wieviel Prozent Ihrer Aufmerksamkeit auf *Innen*ereignisse und wieviel Prozent Ihrer Aufmerksamkeit auf *Außen*ereignisse fixiert sind.

Sie werden feststellen, wenn Sie zum Beispiel 50 Prozent Ihrer Aufmerksamkeit auf innere Vorgänge fixieren, wie oben beschrieben und damit auch 50 Prozent auf äußere Vorgänge, erreichen Sie eine Angststufe von 5 und befinden sich damit genau in der Mitte zwischen der Obergrenze der Panik und der niedrigsten Stufe des Wohlbefindens.

Wenn Sie nur 20 Prozent auf innere Vorgänge und den Rest Ihrer Aufmerksamkeit, also 80 Prozent, auf äußere Realitäten legen, so steht Ihr Angstpegel bei 2, womit Sie jederzeit einen kühlen Kopf bewahren dürften.

Nun nehmen Sie Ihre Messungen anhand des folgenden *Angstregisters* vor...

Angstpegel	=	Innenschau	gegen	Außenschau
10 (Panikpegel)		100%		0%
9		90%		10%
8		80%		20%
7		70%		30%
6		60%		40%
5 (Gleichstand)		50%		50%
4		40%		60%
3		30%		70%
2		20%		80%
1 (Wohlbefinden)		0%		100%

Wenn Sie sich also innerlich auf Ihre Symptome und angstvollen Gedanken fixieren, erreichen Sie einen höheren Grad der Unruhe. Vielleicht können Sie sich anhand dieses kleinen Eigentests äußere Begebenheiten bewußter machen – die Sie umgebende Realität, nicht die Phantasie in Ihrem Kopf –, um damit Ihre Phobiesymptome auf überschaubare Proportionen zu reduzieren.

Gegenseitige Selbsthilfegruppen führen Ihnen die Wichtigkeit vor Augen, innere Begebenheiten von äußeren zu trennen.

Wenn Sie die in diesem Buch geschilderten Strategien und Techniken anwenden, bemühen Sie sich in der Gegenwart, im Hier und Jetzt zu bleiben. Halten Sie an einem zweckgebundenen Ziel fest und geben Sie sich mit kleinen Schritten zufrieden, einer nach dem anderen, um sich von Ängsten zu befreien, die Ihre Phobie verschuldet haben.

Denken Sie immer daran, wie wichtig es ist, zu sagen, was Sie meinen. Wenn Sie zum Beispiel einen Wunsch haben, reden Sie nicht um den heißen Brei herum aus Furcht, Ihren Wunsch zur Sprache zu bringen. Hinterher geraten Sie in Wut, weil niemand begriff, was Sie meinten.

Phobien können lähmend wirken, sie sind aber auch heilbar. Sie haben viele Wege kennengelernt, um gegen Ihre Ängste anzukämpfen, kurzfristig wirksame Strategien sowie starke angstbekämpfende Techniken, die phobische Schreckgespenster für immer vertreiben und zur Strecke bringen.

Tun Sie es selbst, oder tun Sie es mit Hilfe von außen. Aber tun Sie es!

Jetzt, nicht morgen – verschieben Sie Ihr Vorhaben nicht – jetzt ist der richtige Zeitpunkt, sich von Phobien, Ängsten und Panikanfällen für immer zu befreien.

Sie wissen, daß es auf verschiedenen Wegen getan werden kann. Und vergessen Sie nicht, es ist ein Kampf, den *Sie gewinnen können*.

Dann brauchen Sie die Paniktaste nie wieder zu drücken.

Kontaktadressen

Hier einige Kontaktadressen, die Ihnen helfen können, eine geeignete Selbsthilfegruppe in Ihrer Nähe zu finden.

Deutschland

NAKOS
Nationale Kontakt- und Informationsstelle zur Anregung und Unterstützung von Selbsthilfegruppen
Albrecht-Achilles-Straße 65
1000 Berlin 31
Telefon: (030) 8914019
Montag – Freitag 10.00 – 15.00

Österreich

Würfel
Verein zur Förderung von Selbsthilfegruppen
Myrtengasse 17
1070 Wien
Telefon: (01) 939880
Montag – Freitag 13.00 – 19.00

Schweiz

Team Selbsthilfe Bern
bei: Hilfsstelle Bern
Hopfenrain 10
3007 Bern
Telefon: (031) 454527

Selbsthilfezentrum Hinterhuus
Feldbergstraße 55
4057 Basel
Telefon: (061) 6928488

PSYCHO

*Die Heyne-Taschenbuchreihe „Psycho"
bringt ein breites Spektrum von Themen zwischen
Grundfragen der Psychologie einerseits
und praktischer Lebenshilfe andererseits.*

Max Lüscher
Das Harmoniegesetz in uns
Ein neuer Weg zu innerem Gleichgewicht und sinnerfülltem Leben
17/1

Klaus Koch/
Bärbel Schwertfeger
Zu zweit am Ende
Phasen einer Trennung
17/3

Ulrich Beer
Achtung Eifersucht!
Wenn Liebe zur Qual wird – Wege aus dem Beziehungsdreieck
17/4

Shirley Eskapa
Eine Andere
Ehefrau contra Geliebte
17/5

Patrick Carnes
Zerstörerische Lust
Sex als Sucht
17/6

Dorothy Tennov
Über die romantische Liebe
17/7

Maggie Scarf
Autonomie und Nähe
Grundkonflikte in der Partnerschaft
17/9

Pauline Rose Clance
Erfolgreiche Versager
Das Hochstapler-Phänomen
17/10

Klaus Thiele-Dohrmann
»Schwatzende Zungen – lüsterne Ohren«
Zur Psychologie des Klatsches
17/11

David V. Sheehan
Angst
Die heimliche Krankheit
17/12

Connell Cowan/
Melvyn Kinder
Vergötterte Männer – kleine Prinzen
Wenn Erfolgsfrauen den falschen Mann wählen
17/13

Bärbel Schwertfeger
Die Macht ohne Worte
Wie wir mit dem Körper sprechen
17/14

Elyce Wakerman
Der verlorene Vater
Töchter sprechen über den Mann, der aus ihrem Leben verschwand
17/15

Barbro Bronsberg/
Nina Vestlund
Ausgebrannt
Die egoistische Aufopferung
17/16

Bernd Frederich
Zuflucht in der Krankheit suchen
oder Die Angst vor dem Partner
17/17

Georgia Witkin-Lanoil
Als Frau mit Streß leben – und überleben
17/18

Natalie Shainess
Keine Lust zu leiden
Der Ausweg aus dem Teufelskreis weiblicher Lebensängste
17/19

Erica Abeel
Ich rufe Dich morgen an ...
und andere Lügen zwischen Mann und Frau
17/20

Klaus Thiele-Dohrmann
Schmerz
Was leiden lehren kann
17/21

Programmänderungen vorbehalten.

Heyne Sachbuch

Interessante Themen
Kompetente Autoren

19/41

19/63

19/47

19/19

19/6

19/1

Wilhelm Heyne Verlag München

HEYNE TASCHENBÜCHER
Die eigene Persönlichkeit entdecken

Mimik, Gestik, Körperhaltung und Farben spielen im Umgang mit Menschen eine wichtige Rolle: durch sie werden Machtverhältnisse, Sympathie und Abneigung signalisiert. „Stumme Äußerungen" verraten viel über die eigene Persönlichkeit – und die der anderen.

22/215

19/5   22/206

17/14

Wilhelm Heyne Verlag München